MAL LOR CA

W0048634

Reisen mit MARCO POLO
Insider-Tipps

MARCO POLO
TOP-HIGHLIGHTS

BANYALBUFAR/ ESTELLENCS ⭐

Treppauf, treppab geht es durch die beiden romantischen Terrassendörfer im Westen (Foto)

➤ S. 64, Der Westen

TAL VON SÓLLER ⭐

Eine Bergwelt schön wie aus dem Bilderbuch, mit zahlreichen Wanderrouten direkt vom Ort aus

📷 *Tipp: Steig in Biniaraix links am Ortseingang die Treppe hoch für ein Foto der schönsten Gassen Mallorcas*

➤ S. 69, Der Westen

TORRENT DE PAREIS ⭐

Der zweitgrößte Canyon Europas ist mit dem Auto oder Boot bequem, zu Fuß auf schön anstrengende Art zu erreichen

➤ S. 72, Der Westen

HALBINSEL FORMENTOR ⭐

Genieße abgrundtiefe Blicke auf den Taubenfelsen Es Colomer und den Sonnenuntergang vom Talaia d'Albercutx

📷 *Tipp: Warte, bis die Sonne im Meer versinkt: Dich erwartet ein Traum in Rot-Orange-Gelb!*

➤ S. 92, Der Norden

ES TRENC/PLATJA DE SA RÀPITA ⭐

Karibik am Mittelmeer – und das gleich im Doppelpack: Die Traumstrände liegen direkt nebeneinander

➤ S. 113, Der Süden

KATHEDRALE LA SEU ⭐8

Palmas gotischem Meisterwerk aufs Dach steigen und bei der „Terrassen-Tour" bisher unzugängliche Bereiche entdecken

📷 *Tipp: Von den Südterrassen schießt du ein Foto über das Meer bis zum Horizont*

➤ S. 42, Palma und Umgebung

GRAN HOTEL ⭐9

Jugendstil innen mit einer Schau des Malers Anglada Camarasa, Jugendstil außen mit typischer Fassade an Palmas Plaça Weyler

📷 *Tipp: Ab auf die Knie! Ein faszinierender Blickwinkel ergibt sich, wenn du die Front von unten nach oben ablichtest*

➤ S. 45, Palma und Umgebung

PUIG DE RANDA ⭐6

Der heilige Berg in der Inselmitte mit drei Klöstern auf drei Etagen und kulinarischen Genüssen in luftigen Höhen

➤ S. 129, Die Inselmitte

ELS CALDERERS ⭐7

Spannender Besuch auf einem über 300 Jahre alten Landgut

📷 *Tipp: Eine tolle Innenaufnahme entsteht, wenn du auf Höhe der üppig gedeckten Tafel in den Raum fotografierst*

➤ S. 131, Die Inselmitte

PORT DE PORTALS ⭐10

Mondäner Yachthafen mit Edelboutiquen und Nobelrestaurants: Mallorcas Marbella für „Sehleute" mit Hang zum Luxus für Leib und Magen

➤ S. 55, Palma und Umgebung

INHALT

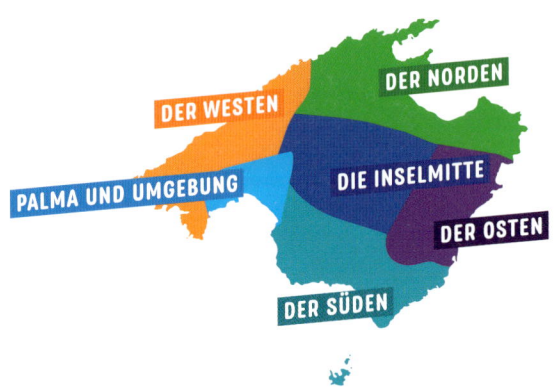

DER NORDEN
DER WESTEN
PALMA UND UMGEBUNG
DIE INSELMITTE
DER OSTEN
DER SÜDEN

⏱ Besuch planen   🍴 Essen/Trinken

€–€€€ Preiskategorien   🛍 Shoppen

(*) Kostenpflichtige Telefonnummer   🍸 Ausgehen

 Top-Strände

(🗺 A2) Herausnehmbare Faltkarte
(🗺 a2) Zusatzkarte auf der Faltkarte
(0) Außerhalb des Faltkartenausschnitts

BESSER PLANEN MEHR ERLEBEN!

Digitale Extras
go.marcopolo.de/app/mlc

DAS BESTE ZUERST

Cala Mondragó: eine Bucht zum Blaumachen

BEST OF
BEI REGEN

SCHÖN, AUCH WENN ES REGNET

MALLORCA UNTER DER ERDE
Auch unterirdisch hat die Insel ihre Reize: in Tausenden von Höhlen, von denen einige öffentlich zugänglich sind. Klein, aber beeindruckend sind die *Coves de Campanet* mit ihren manchmal spaghettidünnen Tropfsteinen
➤ S. 85, Der Norden

GLASBLÄSERN AUF DIE LIPPEN SCHAUEN
Gordiola bei Algaida ist die älteste der drei Glasbläsereien auf der Insel. Schon Spaniens Königsfamilie schaute dort den Handwerkern zu und bestaunte zerbrechliche Schönheiten (Foto)
➤ S. 128, Die Inselmitte

AUS LIEBE ZUM KINO
Bei leidenschaftlichen Kinofans bist du an einem verregneten Abend in bester Gesellschaft: Das *Cine Ciutat* wird als Kooperative von Cineasten geführt und zeigt internationale, immer wieder auch deutsche Filme im Original
➤ S. 52, Palma und Umgebung

SPIRITUELLER TRIP DURCH KLÖSTER UND KIRCHEN
Wusstest du, dass San Francisco von einem mallorquinischen Missionar gegründet wurde? Sein Geburtshaus steht in Petra, und es ist Teil der Route *Spiritual Mallorca,* die dich mit einem günstigen Kombiticket ins religiöse Herz der Insel führt – von der überwältigenden Kathedrale in Palma bis zum himmelhoch gelegenen Kloster Cura
➤ S. 133, Die Inselmitte

BLAUES WUNDER IM AQUARIUM
Schon mal mit einem Rochen gekuschelt? Streichelbecken, Schnorchelgänge und Haifischtanks: Das *Palma Aquarium* ist interaktiv und aufregend!
➤ S. 53, Palma und Umgebung

BEST OF

LOW-BUDGET

FÜR DEN KLEINEN GELDBEUTEL

KOSTENLOSE CITY-TOUR

Einmal quer durch Palmas Altstadt vom Parc de la Mar über den Rathausplatz mit seinem jahrhundertealten Olivenbaum bis zur Plaça Espanya – so einen Rundgang bietet *Mallorca Freetour* gratis von Montag bis Samstag an. Anmelden musst du dich nicht
➤ S. 50, Palma und Umgebung

ORGEL-ERLEBNIS

Mit nur einer Taste pustet der Organist Wind durch 25 Pfeifen – wie da wohl erst das ganze Instrument klingen muss?! Du kannst viel Eintritt für ein Konzert zahlen, um das herauszufinden. Oder in der Kirche *Sant Andreu* in Santanyí ein kostenloses Vorspiel besuchen
➤ S. 114, Der Süden

PALAST FÜR ALLE

Immer hereinspaziert! Anders als die meisten Paläste in Palma öffnet der *Casal Solleric* seine Türen für Besucher.

Drinnen liegen ein bildschöner Innenhof, verschiedene Räume für wechselnde Kunstausstellungen und eine Bibliothek
➤ S. 44, Palma und Umgebung

AB IN DIE WILDNIS

Genervt vom Massenbetrieb? Mach es wie die Tiere und geh dahin, wo die Insel noch wild ist: In den Naturpark *S'Albufera* ziehen sich viele geschützte Arten zurück. Spaziere durch das Feuchtgebiet – ohne Asphalt, ohne Beton und ohne Eintritt (Foto)!
➤ S. 84, Der Norden

BEI JOAN MIRÓ DAHEIM

Nicht dass es sich nicht absolut lohnen würde, den Eintritt für das tolle Museum der *Fundació Pilar i Joan Miró* im ehemaligen Wohnhaus des Künstlers zu zahlen – aber am Samstagnachmittag und an weiteren Tagen kannst du den Eintritt sparen
➤ S. 45, Palma und Umgebung

BEST OF
MIT KINDERN

SPANNENDES FÜR GROSS & KLEIN

STRANDGUT SAMMELN

An Mallorcas flacher Südküste wird so einiges angespült. Nicht nur Plastik, sondern auch Überbleibsel aus der Natur wie weiße, längliche Tintenfischschulpe, kleine und große Muscheln: ideales Material, um daraus z. B. ein Mobile zu basteln oder einfach nur als Andenken

EIN BISSCHEN WAS ZUM GRUSELN

Spannung pur und schaurig-schön ist der *Katmandu Park* mit seinem House of Katmandu – einem bunten Haus im tibetanischen Stil, das einfach auf dem Kopf steht. Dort spukt es ziemlich, und der Yeti sorgt für aufregende Überraschungen!

➤ S. 60, Der Westen

ABENTEUER FISCHERBOOT

Bei aufregenden Bootstouren, die in aller Herrgottsfrühe beginnen, schaut ihr mallorquinischen Fischern bei der Arbeit zu – und sichtet mit Glück sogar Delfine

➤ S. 156, Gut zu wissen

SPRINGEN, WAS DAS ZEUG HÄLT

Palma Jump am Stadtrand von Palma hat jede Menge Trampoline, Klettertürme mit Airbag, Slacklines und einiges mehr. Bei den Hüpfpartys für Jugendliche am Freitagabend heizen DJs ordentlich ein

➤ S. 50, Palma und Umgebung

ADRENALINSCHUB GARANTIERT

Das brandungsarme Mittelmeer ist zu langweilig? Im *Hidropark* von Port d'Alcúdia bieten Rutschen, Wellenbecken, Chill-out-Zonen und Kleinkindbecken jede Menge Abwechslung

➤ S. 88, Der Norden

SICH WIE TARZAN FÜHLEN

Lianen, Schaukeln, wacklige Brücken, zwischen hohen Bäume gespannt – der *Jungle Parc Junior* in Bendinat bei Palma bietet sechs einfache Touren speziell für Kinder zwischen 4 und 11 Jahren

➤ S. 55, Palma und Umgebung

BEST OF

TYPISCH

DAS ERLEBST DU NUR HIER

ERDROT UND BLÜTENWEISS

Millionenfache weiß-rosa Blütenpracht über Mallorcas charakteristisch roter Erde: Zur Mandelblütenzeit von Ende Januar bis Anfang März kannst du ein einmaliges Naturschauspiel erleben, z. B. bei *Son Servera,* wo es sogar mit einem Fest gefeiert wird

➤ S. 104, Der Osten

LECKERE ÖLSTULLE

Für Mallorquiner kommt aufs Brot keine Butter, sondern Olivenöl. Zum *pa amb oli* gehören außerdem Tomaten und Käse oder Wurst, dazu kommen Oliven, Seefenchel und Kapern. So einfach, so gut! Probier's selbst im *Hostal d'Algaida*

➤ S. 128, Die Inselmitte

DEM HIMMEL EIN STÜCK NÄHER

Jeder Ort hat seine *ermita,* sein *mo-nasteri* oder *santuari,* meistens auf dem Gipfel eines nahe gelegenen Bergs. Den Insulanern sind diese Orte heilig. Hier treffen sich Großfamilien zum Grillen, und Wanderer genießen den Blick über ihre Heimat – z. B. bei der *Ermita de la Trinitat*

➤ S. 66, Der Westen

SÜSSE VERSUCHUNG

Nicht mal auf den Nachbarinseln ist die *ensaïmada,* die meist mit Puderzucker bestreute Hefeteig-Schmalzschnecke, so geschmackvoll und zart wie auf Mallorca. Sie ist in jeder Bäckerei zu haben, etwa bei *Ca na Juanita* in Alaró (Foto

➤ S. 125, Die Inselmitte

KÜHLE LUFT SCHNAPPEN

Am späten Abend machen die Mallorquiner ihre Straße zum Wohnzimmer. *Prendre la fresca* nennen sie es, wenn sie den Stuhl vor die Tür stellen, die leicht abgekühlte Luft genießen und über die Ereignisse des Tages tratschen. Lass dich davon anstecken – an einem Sommerabend ab 22 Uhr auf den quirligen Dorfplätzen von *Esporles* oder *Bunyola*

➤ S. 67, 73, Der Westen

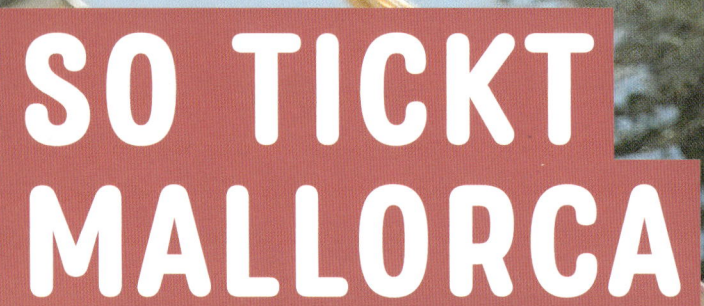

SO TICKT
MALLORCA

Pfarrersegen in Muro statt Partyalarm in Palma – die Insel hat viele Gesichter

ENTDECKE MALLORCA

Erst mal eine Runde übern Markt (von Santanyí)! So kann der Urlaubstag losgehen, oder?

Zikadengezirpe im Ohr und Kiefernduft in der Nase, die warme Sonne im Nacken, dazu eine türkisblaue Bucht mit ihrem weißen Sand: Hunderte kleiner Strände rund um die Insel entsprechen genau dem Traum-Urlaubsbild von Sonne, Sand und Mittelmeer.

DIE NATURSCHÖNHEIT MIT DEN VIELEN GESICHTERN

Mallorca ist ein Magnet, die größte Insel der Balearen zieht sie alle an: Könige, Künstler, Popstars, Aus- und Umsteiger – und vor allem Urlauber. Der Tourismus ist Mallorcas Wirtschaftsmotor. Kein Mittelmeerziel ist vielseitiger und wandlungsfähiger. Einst als Massenurlaubsziel verschrien, hat sich die Insel zu einem multikulturellen Mikrokosmos mit hervorragender Infrastruktur und hochwertiger Gastronomie entwickelt, ohne dabei ihr höchstes Gut zu verschandeln: die

Um 4000 v. Chr.
Auf Mallorca leben erste Höhlenbewohner

123 v. Chr.
Römer besetzen Mallorca und gründen Pollentia und Palma

Ab 455
Vandaleneinfälle beenden die römische Herrschaft

Ab 903
Mallorca wird von arabischen Mauren erobert

1229
Jaume I., König von Aragonien, zieht siegreich in Medina Mayurka (Palma) ein

1276
Jaume II. ruft die Balearen zum Königreich Mallorca aus; Start für einen florierenden Handel

überwältigend schöne Natur. Wer sie erleben will, muss das Hotel, den Swimmingpool und den Strand davor verlassen und sich aufmachen: zu Fuß, mit dem Fahr- oder Motorrad, mit dem Linienbus, der Bahn oder dem Leihwagen. Das Straßennetz auf Mallorca ist vorbildlich, die Preise für ein Mietfahrzeug sind nicht höher als anderswo, die Entfernungen von Ost nach West, von Nord nach Süd betragen nie mehr als 90 km.

SO VIEL ZU ERLEBEN

Was du auf den 3640 km^2 der Insel zu sehen bekommst, ist weit mehr, als in einen zweiwöchigen Urlaub hineinpasst: im Norden die große Doppelbucht Pollença-Alcúdia mit den Halbinseln Formentor und Isla de la Victoria, dem Feuchtgebiet S'Albufera und den schön restaurierten und geschichtsträchtigen Orten Pollença, Alcúdia und Artà. Im Osten die Hügel der Serra de Llevant mit zig Stichstraßen zu fjordähnlichen Bilderbuchbuchten und Häfen. Im heißen und flachen Süden die naturbelassenen Dünenstrände, Kiefernhaine und Salzseen. Und schließlich das Nonplusultra der Insel: der wilde Westen mit seinem gewaltigen Gebirge der Serra de Tramuntana, mit mehr als 50 Tausendern, mit abgrundtiefen Schluchten und himmelhohen Steilwänden und mit einer der aufregendsten und schönsten Traumstraßen Europas.

Nicht zu vergessen die Mitte Mallorcas, *es Pla,* eine Hochebene mit teils noch recht verschlafenen Dörfern, der Kornkammer und dem Gemüsegarten der Insel. Und dann ist da noch die Hauptstadt Palma, eine der schönsten Städte am Mittelmeer,

1814 Nach dem Ende von Spaniens Unabhängigkeitskrieg gegen Frankreich erhält Mallorca eine eigene freiheitliche Verfassung

Ab 1960 Unter General Franco beginnt der Massentourismus

1983 Die Balearen werden zu einer von 17 autonomen Regionen im demokratischen Spanien

2016 Spaniens Wirtschaftskrise ist überwunden; Einführung der Umweltabgabe Ecotasa

2019 Kampf dem Plastik: keine Einwegprodukte mehr auf den Balearen

die meisterhaft Altes bewahrt und Neues kreiert, die sich rund um die Uhr immer wieder neu inszeniert – mit Musealem aus mehr als 3000 Jahren Inselgeschichte und Zeitgemäßem wie Spa-Center, Fashion-Shops und Streetfood-Ständen.

ALLES ÖKO? NOCH NICHT GANZ

Für die meisten Sommerurlauber beschränkt sich der Hauptstadtbesuch auf einen Tag, sie sind in der Regel auf Sonne, Sand und Meer aus. Mehr als 150 Sandstrände, deren Gesamtlänge rund 50 km beträgt, werden diesem Wunsch gerecht. An rund 30 *playas* weht die Blaue Flagge. Überhaupt ist Umweltschutz auf der Insel ein Thema. Mit dem massiven Druck, den die Umweltschutzorganisation GOB in den 1980ern wegen der immensen Bebauung auf die Inselregierung ausübte, fing ein Umdenken an. Weg von noch mehr Zersiedelung durch immer mehr Hotelbauten – hin zu einem sanften Tourismus. Nach und nach entstanden private und öffentliche Initiativen, die sich ebenfalls für eine nachhaltige Entwicklung einsetzten. Auch die Landesregierung reagierte, stellte bedrohte Biotope wie das Feuchtgebiet S'Albufera oder die Cala Mondragó unter Naturschutz. Und in der Serra de Tramuntana, die immerhin ein Drittel Mallorcas einnimmt, darf nur noch mit strengen Auflagen gebaut werden. 2011 hat die Unesco diese gebirgige Kulturlandschaft mit Weinbergen, Olivenhainen, Mandelbäumen und Zitrusplantagen zum Welterbe erklärt.

CANYONING, COASTEERING, KULINARIK

Auf der Insel geht's auch richtig sportlich zu. Wasserliebhaber wählen zwischen rund 40 Yachthäfen und zahlreichen Segel-, Surf- und Tauchbasen. Outdoorfans suchen an den steilen West- und Nordküsten den Kick beim Canyoning, Coasteering oder Klettern. Radler und Motorradfahrer jubeln über die kurvenreichen Bergstraßen, Wanderer genießen das faszinierende Zusammenspiel von Bergen und Meer. Apropos genießen: Über 6000 Restaurants, Cafés und Bars bieten eine breite Palette an kulinarischen Genüssen. Sie reicht von Edelrestaurants über coole Lokale in den Trendvierteln, schicke Beachclubs bis hin zu einfachen Dorfkneipen und Cafeterías. Und Feierwütige lieben die Happy Hour an Ballermann & Co.

GELASSEN BLEIBEN

Was die Mallorquiner dazu sagen? Wenig. Im Lauf der Jahrhunderte hat Mallorca mit Römern, Vandalen und Arabern, mit Byzantinern, auch mit Festlandspaniern immer wieder Besatzungen und Fremdes erlebt. Vieles wurde aufgenommen und nach und nach in Eigenes verwandelt. Das schafft eine für Fremde freundliche Atmosphäre – und zugleich eine angenehme Art der Distanz. Wer Mallorca bereist, sollte Zeit mitbringen. Poc a poc, „Eins nach dem anderen", lautet das Lebensmotto der Insulaner, das sie auch in der Hochsaison zu bewahren versuchen. Also nicht ungeduldig werden, wenn es etwas länger dauert in Restaurants oder Geschäften. Lass dich einfach anstecken vom *poc a poc,* mach es zu deinem Urlaubsmotto – und vergiss nicht, ein Stück davon mit nach Hause zu nehmen!

AUF EINEN BLICK

869 000
Einwohner

Bremen: 679 000

205
Personen über 100 Jahre
davon 37 Männer

3,5 cm
klein

ist die nur auf Mallorca
lebende Geburtshelferkröte

3640 km²
Fläche

Saarland, Hamburg und
Bremen zusammen:
3764 km²

**HÖCHSTER BERG:
PUIG MAJOR**

1445 m

**NIEDRIGSTE/HÖCHSTE
WASSERTEMPERATUR**

13/27°C
IM FEB./AUG.

**SONNENSTUNDEN
IM JAHR**

2800

HAMBURG:
RUND DIE HÄLFTE

PALMA
größte Stadt mit 406 000 Einwohnern

30 GRAMM SAND AM TAG

schleppt jeder Strandbesucher in
Schlappen, Handtuch, Bikini weg, macht
allein 19 t Sand jährlich am Strand Es Trenc

LÄNGSTER LIEGEPLATZ
Port Adriano für
Superyachten bis zu 80 m

PROST MAHLZEIT!
IN RUND 3800
RESTAURANTS

MALLORCA VERSTEHEN

ADLIGER VEREHRER

Lange vor dem Ansturm der Touristen verliebte sich der Habsburger Erzherzog Ludwig Salvator (1847–1915), katalanisch kurz *Arxiduc* genannt, in die Schönheit der Insel – und wohl auch in so manche Inselschönheit. Straßen und Wanderwege sind nach ihm benannt, seine unehelichen Nachfahren aber nicht. Die Insulaner verehren ihn bis heute, weil er ihre Heimat international bekannt gemacht hat, vor allem beim Wiener Adel. Selbst Kaiserin Sissi schwärmte für Mallorca. Im Anwesen Son Marroig über der Halbinsel Sa Foradada bei Deià fand Salvator seinen Alterssitz. Sein Werk „Die Balearen in Wort und Bild" ist bis heute eine Quelle für Brauchtumsforscher und Historiker.

BALEAREN

Viele Mallorquiner waren noch nie auf einer der Nachbarinseln Menorca, Ibiza oder Formentera, die zusammen das Archipel der Balearen bilden. Gemeinsam haben sie fast 1500 km Küste, 370 Strände und die regionale Hauptstadt Palma. Ein Zusammengehörigkeitsgefühl verbindet die 1983 gegründete autonome Region der Balearen kaum. Erst langsam erwacht das Interesse an den Nachbarn.

BON DIA

Mallorca gehört zwar zu Spanien, die Sprache der Einheimischen ist aber seit dem 13. Jh. Mallorquinisch, ein Dialekt des Katalanischen. Während der Franco-Diktatur von 1939–1975 war *mallorquí* verboten, deshalb lieben die Einheimischen ihre Sprache als Teil ihrer kulturellen Identität jetzt besonders. Politisch korrekt grüßt du also „bon dia" statt „buenos días". Auch an den Schulen und der Universität ist das mallorquinische Katalanisch Unterrichts- und Umgangssprache. In Palma, wo die meisten Zuwanderer leben, ist vor allem Spanisch, *castellano,* zu hören. Viele Orts- und Straßennamen gibt es in zwei Schreibweisen, der offiziellen mallorquinischen (z. B. Peguera, Ses Salines) und der alten spanischen (Paguera, Las Salinas). Das ist etwas verwirrend? Bleib gelassen, du bist schließlich im Urlaub!

LICHT & LEBEN

Mallorca ist fast das ganze Jahr über grün und hell. Die häufig rot schimmernde Erde, die weiß-rosarote Mandelblüte von Januar bis März und im Winter reife Orangen setzen bunte Sprenkel auf die Grünschattierungen. Mit gut 1500 Pflanzenarten schmückt sich die Insel. Im Sommer feiert die Drillingsblume, die ursprünglich aus Südamerika stammende Bougainvillea, ein rot-lila Farbenfest. Üppiger Oleander verschönert die Straßenränder. Im regenreichen Winter füllen sich die unterirdischen Wasserspeicher, aus denen Steineichen, Kiefern, Mandel-, Öl-, Johannesbrot-, Feigen- und Zitrusbäume in den heißen und trockenen Sommern zehren. Den Millionen von Mandelblüten, die im Ja-

Mit einem Mandelblütenmeer startet die Insel ins Frühjahr

nuar den Frühling ankündigen, folgen im März gelbe und weiße Kronenwucherblumen, die wie Margeriten aussehen. Mit ganzen Teppichen bedecken sie Felder und Äcker. Der April bringt lila Wildgladiolen, der Mai feuerroten Mohn. Nach den ersten Regenfällen im Herbst sind gelber Sauerklee und orangefarbene wilde Ringelblumen Farbtupfer in der Natur. Steineichenwälder bedecken 150 km² der Serra de Tramuntana, des wild-schönen Gebirges, das zum Unesco-Welterbe erklärt wurde. Und in ausgedehnten Aleppokiefernwäldern geben im Hochsommer die Singzikaden ein ohrenbetäubendes Konzert.

So reich die Insel an Pflanzen ist, so arm ist sie an Tieren. Großwildarten gibt es keine, dafür Wildkaninchen, Feldhasen, Marder, Ginsterkatzen und verwilderte Ziegen, die gern Pflanzen anknabbern und damit viel Schaden

anrichten. Vor allem die Vögel prägen die Tierwelt Mallorcas. Einige Raubvogelarten werden neu angesiedelt, um sie vor dem Aussterben zu bewahren. Am Meer stürzen sich Kormorane ins Wasser, und Birdwatcher bekommen Herzklopfen, wenn sie Mönchsgeier in der Tramuntana und an unberührten Küstenabschnitten auf Dragonera oder Cabrera auch Eleonorenfalken oder Sturmtaucher sichten.

INSIDER-TIPP
Wenn die Geier über dir kreisen

INSEL-LUTHER

Tennis-Star Rafael Nadal, Moto-GP-Weltmeister Jorge Lorenzo und Künstler Miquel Barceló sind die international bekanntesten Insulaner. Doch wird sich in 700 Jahren noch jemand an sie erinnern? Bei Ramon Llull (1232–1315/16) stellt sich diese Frage nicht. Die Werke des Laientheologen,

Philosophen und Missionars werden noch immer an den Universitäten der Welt gelehrt. Auf seiner Heimatinsel sucht man seine Spuren am besten auf dem Klosterberg Randa, in Miramar bei Valldemossa oder im Franziskanerkloster in Palma.

Llull lebte zu Zeiten der Kreuzzüge und der Reconquista, der Rückeroberung Spaniens durch die Christen. Mallorca war im 13. Jh. noch mehrheitlich von Moslems bevölkert. Der streitbare, unangepasste Denker predigte Dialog statt Gewalt und reiste mehrmals nach Nordafrika, um dort mit muslimischen Philosophen auf Arabisch zu debattieren. Da er viele seiner Schriften nicht auf Latein, sondern auf Katalanisch verfasste, gilt er auch als Begründer der katalanischen Schriftsprache. Er ist also so was wie der katalanische Martin Lu-

ther. Fleißig war er: Llull verfasste 265 Werke, die meisten in katalanischer Sprache, die er damit zur Literatursprache erhob. „Liebe macht die Unabhängigen zu Dienern und schenkt Sklaven die Freiheit." Dieses Llull-Zitat – auf seinem Denkmal in Palma verewigt – spricht für den aufgeschlossenen Geist des großen Denkers und Missionars.

HEIMATGEFÜHL

Kulturell fühlen sich die Inselbewohner Katalonien nah. Das wird nicht nur bei der Sprache klar: Der FC Barcelona hat auf Mallorca eine große Fangemeinde. Dabei stammen viele Mallorquiner aus ganz anderen Regionen des Landes. Sie sind in den 1960er- bis 1980er-Jahren mit dem Tourismus- und Bauboom aus Andalusien oder Galicien eingewandert, um als Maurer,

Etwas Patina hat Ramon Llull angesetzt, aber sein Werk bleibt aktuell: Denkmal in Palma

Kellner oder Zimmermädchen zu arbeiten. Zudem kommen fast 20 Prozent der rund 869 000 Inselbewohner von außerhalb Spaniens, die meisten davon aus Marokko, Deutschland (19 000) und Großbritannien. Spannungen gibt es bei dieser bunten Mischung keine, dazu sind die Mallorquiner viel zu gelassen. Es sind schon viele gekommen und gegangen, sagen sie, und meinen damit die lange Besiedelungsgeschichte der Insel.

BIOWEIN

Mallorcas Weine werden immer besser. Ein Drittel der Winzer setzt inzwischen auf Bio. Spanienweiter Pionier war 1979 Biel Majoral, der bei Algaida eine kleine, feine Bodega *(canmajoral. com)* aufgebaut hat. Auch bei Mesquida Mora in Porreres *(mesquidamora. com)* oder Jaume de Puntiró in Santa Maria del Camí *(vinsjaumedepuntiro. com)* wird nachhaltig gekeltert. Viele Weinbauern pflanzen wieder alte einheimische Rebsorten wie Manto Negro, Callet, Prensal Blanc oder Malvasía de Banyalbufar an. Weitere Infos findest du unter *bodegasmallorca.com*.

PIRATENALARM

Es gibt auf der Insel eine Redewendung, die lautet *ara que no hi ha pirates,* wörtlich übersetzt: „jetzt, da keine Piraten da sind". Gemeint ist: „jetzt, da gerade keiner schaut". Dahinter steckt eine harte Realität, mit der die Mallorquiner jahrhundertelang leben mussten: Piratenüberfälle. Die größte Insel des westlichen Mittelmeers war lange ein wichtiger Handelspunkt, und in Palma lebten wohlhabende Ge-

KLISCHEE KISTE

MALLE OLÉ

Krebsrote Touris grölen einen Mallorca-Hit nach dem anderen und torkeln sternhagelvoll durch die Straßen, um sich dann in praller Sonne an den Strand zu knallen. Das gibt's. An der Platja de Palma. Am Ballermann. Oder besser gesagt: davor. Und daneben. Denn den guten, alten Balneario „Ballermann" 6 von früher gibt es nicht mehr. Als *Beach Club Six* ist er inzwischen schick geworden, und mit ihm die anderen Strandkneipen dort. Denn „Malle" kann auch anders. Partymekka? Ja klar! Genau da. Und an ein paar anderen Stellen. Und sonst? Kulturdorado, Radfahrerparadies, Wanderspot – kaum, dass man über die Bierdose blinzelt …

IMMER MIT DER RUHE

Mallorquiner haben ganz eigene Benimmregeln: 1. Geduldig in die Schlange einreihen, ohne zu murren. 2. Kellner nicht hetzen, sonst geht's extra langsam weiter. 3. Sich kleinmachen, wenn man zahlen möchte. *Me cobras, cuando puedas,* heißt es oft auf Mallorca. Was so viel heißt wie: „Wenn du mal in nächster Zeit einen Moment hättest, könntest du mir die Rechnung bringen …" Merke: Der Kellner ist King. Also nicht hetzen, siehe oben.

Wandern im Naturschutzgebiet Serra de Tramuntana – Gegenprogramm zur vollen Insel

schäftsleute. Aber auch Hafenorte wie Pollença oder Sóller litten unter den Raubzügen der Korsaren, die meist aus Nordafrika kamen. Noch heute erinnern die *Moros-y-Cristianos*-Feiern in diesen Orten daran. Dann werden siegreiche Schlachten gegen die Eindringlinge nachgespielt. Auch die Wachtürme, die Mallorcas Küste säumen, erzählen die Geschichte von der ewigen Angst. Manche sagen sogar, dass der verschlossene Charakter der Inselbewohner von der permanenten Bedrohung herrührt – für ihre Vorfahren waren das Meer und die Außenwelt gleichbedeutend mit Gefahr.

SCHMUGGLERPFADE

Viele Wanderwege im Gebirge und am Meer waren früher Schmugglerrouten, auf denen bis ins 20. Jh. hinein bei Nacht säckeweise Zigaretten,

Alkohol und Kaffee in Verstecke geschleppt und später von den Bandenbossen mit großem Gewinn verhökert wurden. Die Ware kam mit Schnellbooten übers Meer.

Der größte Schmuggler der Neuzeit war Joan March, geboren 1880 als Sohn eines Schweinehändlers und später der reichste Mann Spaniens. Seinem skrupellosen Geschäftssinn verdankt Mallorca die schönsten und größten Fincas. Um die Ware in Ruhe löschen zu können, kaufte er einfach ganze Küstenabschnitte.

Am Strand S'Amador bei Santanyí führt ein kurzer Schleichweg *(Itinerari de la punta de ses Gatoves)* durchs Küstengebüsch. Wenn du hier am Wegrand ein geräumiges Loch in der Mauer entdeckst, hast du ein *secret* (Geheimversteck) gefunden. An der Ostküste bei Artà wurde Ware aus Barcelona abgeladen, z. B. in der Cala Estreta. Und im Tramuntanagebirge kannst du auf der Route *Albarca, Cosconar, Puig Roig,* die mit atemberaubenden Ausblicken um das Gebirgsmassiv Puig Roig führt, sechs Stunden lang durchs Schmugglergebiet laufen.

TALAIOTS

Talaia heißt Wacht- oder Aussichtsturm. Das davon abgeleitete *talaiot* bezeichnet prähistorische Megalithbauten, die auf Mallorca und anderen Baleareninseln vorkommen. Man nimmt an, dass diese Siedlungen, die von 1300 v. Chr. bis in die römische Besatzungszeit existierten, religiösen Zwecken dienten. Meistens stand der Wachtturm im Zentrum, bis zu 8 m hoch und aus tonnenschweren Steinblöcken errichtet. Mehr als 100 solcher vorgeschichtlicher Siedlungen gibt es auf Mallorca.

MEHR SCHUTZ FÜRS MEER

Die Kläranlagen auf der Insel sind oft überfordert, Abwasser können so ins Meer gelangen. Und es gibt noch immer keine Vorschrift, die etwa die Zahl der Boote reguliert, die in Mallorcas Buchten ankern. Darüber hinaus fehlt eine Verkippungsverordnung. Schiffe können ihre Abwässer auf See entleeren oder sie in den Häfen entsorgen. Allerdings sind noch nicht in allen *puertos* entsprechende Vorrichtungen vorhanden.

Immerhin gibt es mittlerweile eine Regelung zum Schutz der empfindlichen Seegraswiesen: Kapitäne von Motorbooten und Segelyachten, die dort Anker werfen, drohen Strafen von bis zu 2 Mio. Euro. Das Neptungras ist für die Meeresökologie fundamental, reinigt das Wasser und dient u. a. als Kinderstube für den Fischnachwuchs.

FLIEGENDE STEINE

Jahrtausendelang haben die Ureinwohner Mallorcas mit *fones,* Steinschleudern, Tiere erlegt und Eindringlinge verscheucht. Im römischen Heer waren sie wegen ihrer Treffsicherheit begehrt. Heute lernen die Mallorquiner die Kunst mit der geflochtenen Sisalschnur wieder in Sportvereinen und suchen bei Wettkämpfen die besten Schleuderer. Die Geschosse sind Steine, Kinder nehmen lieber Tennisbälle.

FERIENUNTERSCHLUPF

Das Vermieten von Ferienwohnungen, auch für Privatpersonen, ist mittlerweile streng reguliert – inklusive stärkerer Kontrollen durch spezielle Inspektoren sowie Strafen bis zu 400 000 Euro. Das entsprechende Tourismusgesetz hat die balearische Landesregierung im Jahr 2017 verabschiedet. Wer Ferienunterkünfte vermietet, braucht in jedem Fall eine offizielle Genehmigung. Außerdem müssen die Einnahmen dem Fiskus mitgeteilt werden. Die App *Verificador alquiler turístico* der Balearenregierung, also „Ferienvermietungscheck Mallorca", gibt Auskunft, ob ein Angebot legal ist. Sie ist sowohl für Android als auch iOS verfügbar. Insgesamt hat der Inselrat die Zahl der Gästebetten auf Mallorca auf 430 000 festgelegt, 115 000 davon entfallen auf die Ferienvermietung.

INSIDER-TIPP
Fair wohnen

ESSEN
SHOPPEN
SPORT

Auf ins Tapas-Paradies: der Mercat de l'Olivar in Palma

ESSEN & TRINKEN

Mallorca ist für alle Foodies DAS Ziel im Mittelmeerraum, ein Gourmet-Hotspot sozusagen. Allein die vielen Restaurants! Da wären Streetfood- und Tapaslokale, urige Fisch- und Dorfschänken, piekfeine Michelinstern-Tempel …

Rund 3800 Restaurants gibt es auf der Insel. Du könntest also über zehn Jahre lang jeden Tag in ein anderes gehen – und wärest dann immer noch nicht durch. Weil immer wieder neue dazukommen, Besitzer und Köche wechseln. Die Gastro-Szene ist ständig in Bewegung.

FUSIONSKÜCHE VON ANFANG AN

Typisch Mallorca, könnte man sagen. Das passt perfekt in seine kulinarische Geschichte. Denn die Inselküche war schon immer ein Potpourri aus verschiedenen Einflüssen. Es haben so manche Eroberer ihre Spuren in Sachen Essen & Trinken hinterlassen. Die Römer und Araber etwa. Fusionsküche eben von Anfang an. Heute sind es u. a. die Nordländer, die neuen Schwung verleihen.

Inseltypisches Essen gibt es z. B. in den urigen *cellers,* rustikalen (Keller-) Restaurants, wo man neben großen, hölzernen Weinfässern besonders im Sommer angenehm kühl schlemmen kann. Und dann ist da eine ganze Riege junger einheimischer Küchenchefs, die die bodenständige mallorquinische *cuina* auf ihre Art interpretieren und Klassiker wie Zicklein aus dem Ofen *(cabra al forn)* oder den Gemüseauflauf *tumbet* raffiniert variieren.

GASTRONOMISCHE ARCHÄOLOGIE

Gut essen hat auf der Insel durchaus Tradition. Denn neben der eher einfachen Küche der Bauern und Fischer schmausten die Feudalherren in früheren Jahrhunderten reichlich nobel auf ihren Landgütern oder in ihren Palästen in Palma. Nach genau diesen Re-

Dem Namen nach „schmutzig", aber echt mallorquinisch und lecker: Arròs brut (re.)

zepten forschen seit einiger Zeit engagierte Gastronomen. Der bekannteste von ihnen ist der vielfach prämierte Tomeu Arbona. Er hat für seine Recherche einen lustigen Begriff gefunden: gastronomische Archäologie. Und er hat schon so einiges aufgestöbert. Lust, etwas davon zu probieren? Das geht im *Fornet de la Soca* (s. S. 47) in Palma.

SÜSSE GARNELEN, SCHARFE WURST

Mallorquinisch kochen heißt auch, auf frische, einheimische Produkte zu setzen. Schwarze Schweine, rote Schafe, Fisch und Meeresfrüchte, sonnengereiftes Obst und Gemüse – Feigen, Zitronen, Orangen, Mandeln, Artischocken, dazu naturreine Olivenöle, handgeschöpfte Salzblüten ... mhmm! Zu den Köstlichkeiten aus dem Meer gehören Fisch im Salzmantel oder die roten Gambas aus Sóller. Beinahe süßlich im Geschmack, verzaubern sie je-

den Feinschmecker. Aber Vorsicht beim Bestellen von Fisch oder Meeresfrüchten in Lokalen ohne Preisangabe auf der Karte! Frisches Meeresgetier ist teuer. Deshalb immer den Preis erfragen. Deftig schmeckt die weiche Paprikastreichwurst *sobrassada* vom schwarzen Schwein, dem *porc negre,* einer inseltypischen Rasse. Sobrassada gibt es in unterschiedlichen Schärfegraden. Das rote Paprikapulver darin sorgt nicht nur für Farbe und Würze, es diente in alten Zeiten auch zur Haltbarmachung. Beliebte Fleischgerichte sind auch Schweinelendchen, Lamm aus dem Ofen und Kaninchen. Außerdem gibt es Pilzeintöpfe und viele verschiedene Reisgerichte. Für Pep sorgen neben Paprika Zutaten wie Fenchel, Petersilie, und Knoblauch. *Allioli,* die Knoblauchmayonnaise wird gern zu Fleischgerichten serviert. Und natürlich dürfen Zwiebeln in der Inselküche nicht fehlen.

BROT MIT ÖL: EINFACH LECKER

Das *pa amb oli* – Brot mit Öl – ist eine der mallorquinischen Spezialitäten. So geht's: Brotscheibe rösten, mit Knoblauch einreiben, mit dem Mark der hartschaligen Ramallet-Tomate bestreichen, Öl darübertreufeln. Dann kommt die Kür: mit Käse, Wurst oder Schinken belegen. Dazu gehören Oliven und eingelegter Meerfenchel, der an der Küste wächst und schön viel Vitamin C hat.

Den kleinen Hunger zwischendurch stillen Teigtaschen, z. B. in Form von *cocarroi* mit Mangold oder als *empanades* mit Fleisch, Fisch oder Gemüse. Und zum Dessert – manche essen sie bereits zum Frühstück – musst du die *ensaïmada* probieren. Das Schmalzgebäck kommt in Schneckenform und mit Puderzucker bestäubt daher. Mal pur, mal mit Aprikosen, mal sogar mit pikanten Sobrassada-Stücken darauf.

BON PROFIT!

Essen spielte und spielt immer eine große Rolle auf der Insel. Mittags und abends isst man in den Restaurants ein Menü mit drei Gängen: Vor-, Hauptspeise und Nachtisch. Viele Lokale bieten günstige Mittagsmenüs *(menú del día)* an.

NA DANN: SALUT!

Zu einem guten Mahl gehört der passende Tropfen. Die Auswahl an lokalen Weinen ist riesig. Und dank einer Reihe innovativer Winzer, die sich konsequent der Qualität verschrieben haben, ist die Insel zu so etwas wie einem Weinwunderland geworden. Selbst Sekt *(cava)* wird gekeltert. Mallorquiner

trinken Wein in Maßen zum Mittag- und zum Abendessen, dazu steht meistens eine Flasche Wasser *(aigo/agua)* mit *(amb/con)* oder ohne *(sense/sin)* Kohlensäure *(gas)* auf dem Tisch. Bier *(cervesa)* wird immer beliebter, zum Teil wird es auf der Insel gebraut.

Als Digestif bietet sich ein *chupito* (Schnaps) an, beispielsweise ein *hierbas* auf Anisbasis. Viele Familien haben ihr eigenes Rezept von diesem Likör mit verschiedenen Kräutern von Kamille über Zitronenverbene bis hin zu Melisse, Thymian, Fenchel und Rosmarin. Man trinkt ihn lieblich *(dulce)*, halbtrocken *(mezclado)* oder trocken *(seca)*.

Probier mal nach dem Essen das Kräuterlikörchen auf Eis! Schwer in Mode gekommen ist auch Wermut, den viele Lokale selbst herstellen – jedes auf seine Art.

Zum Abschluss darf ein *café* (Espresso) oder ein *cortado* (Espresso mit Milch) nicht fehlen. Den *café con leche* (Milchkaffee) trinken Einheimische übrigens zum Frühstück.

BESSER NICHT ZU SPONTAN

In guten Restaurants solltest du rechtzeitig einen Tisch reservieren und bei der Ankunft warten, bis man dir einen Platz zuweist. Die Rechnung kommt meist auf einem kleinen Teller, auf dem du später das Trinkgeld liegen lässt. Zur Überraschung vieler Gäste erscheinen die oft unverlangt servierten Oliven manchmal ebenso auf der Rechnung wie das *cubierto* (Besteck). Manchmal kommt dann noch die IVA (Mehrwertsteuer) dazu.

Unsere Empfehlung heute

Vorspeisen / Snacks

VARIAT
Mallorquinische Variante der Tapas:
bunte Mischung verschiedener
Häppchen

TREMPÓ
Sommersalat aus Tomaten-,
Zwiebel- und grünen Paprikawürfeln
in Olivenöl

COCA
Mallorquinische Version der Pizza
aus Hefeteig, belegt mit
roter Paprika oder Mangold

SOPAS MALLORQUINES
Kohl-Schweinefleisch-Topf auf
Brotscheiben (*sopas*), die zuvor in der
Sonne getrocknet wurden

Hauptgerichte

TUMBET
Gemüsetopf aus Kartoffeln,
Auberginen und roter Paprika

FRIT MALLORQUÍ
Innereien und Gemüse,
mit Knoblauch und Meerfenchel

CONILL AMB CEBES
Kaninchen mit Zwiebeln

LLOM AMB COL
Kohlroulade mit Schwein
oder Täubchen in einem
Weinsud mit Speck, Rosinen
und Pinienkernen

ARRÒS BRUT
Reiseintopf mit drei Sorten Fleisch;
„schmutziger Reis" heißt er wegen
der Safranfärbung

Desserts

GATÓ D'AMETLLA AMB GELAT
Lockerer Mandelkuchen
mit Mandel- oder Vanilleeis

ENSAÏMADA
Puderzuckrige
Hefeteigschnecke

Getränke

HORCHATA D'AMETLLA
Mandelmilch

VI NEGRE
Rotwein, z. B. aus den typischen
Inselsorten Mantenegro oder Callet

VI BLANC
Weißwein, gekeltert u. a. aus der
einheimischen Rebe Prensal Blanc

SHOPPEN & STÖBERN

HIER GIBT DER TON DEN TON AN

Kochen wie die Insulaner – das geht nur mit den traditionellen *greixoneras* und *olles,* braunen Tontöpfen, die in keiner mallorquinischen Küche fehlen dürfen. Die Töpferorte der Insel sind Pòrtol und Felanitx. Als Mitbringsel eignen sich besonders Keramikschälchen oder -teller in modernem Design, von den Töpfern bruchsicher verpackt. Im März gibt es in Marratxí die Töpfermesse *Fira de Fang.*

KUNSTVOLLES

An die 3000 Maler sollen auf Mallorca leben und arbeiten. Der bekannteste ist Miquel Barceló, aber auch Bernardí Roig, Susy Gómez oder Guillem Nadal sind international erfolgreich. Die Galerien *Pelaires* (s. S. 50)*, Fran Reus (Passeig de Mallorca 4)* und *Frank Krüger (C/ Costa d'en Brossa 3)* in Palma zeigen immer wieder Überraschendes von der Insel zu unterschiedlichen Preisen. Den besten Überblick bekommt man bei der Galeriennacht *Nit de l'Art* am dritten Septemberwochenende in Palma.

KULINARISCHE SOUVENIRS

Mallorcagefühl für zu Hause: Nimm dir ein paar köstliche Erinnerungen mit aus deinem Urlaub. Etwa die einzigartigen *ensaïmadas,* Hefeteigschnecken mit oder ohne Füllung. In Supermärkten findest du *hierbas,* den grünen Kräuterlikör auf Anisbasis. Aus Artà kommt der *Mel de na Marta.* Imkerin Marta verkauft ihren leckeren Honig – u. a. von Steineichen- oder Johannisbrotbaumblüten – in Bioläden und auf den Wochenmärkten von Pollença *(So),* Sineu *(Mi)* oder Artà *(Di).* Kalt gepresstes, köstliches Olivenöl guter Qualität bekommst du in vielen Geschäften, dazu die Salzblüten *Flor de*

Top-Mitbringsel ist Olivenöl, was denn sonst? Na, z. B. schöne Ikatstoffe fürs Zuhause (re.)

Sal aus den Salinen bei Es Trenc. All diese Köstlichkeiten werden oft auch auf den Herbstmärkten angeboten.

LEDER & LEINEN

Inca und seine Nachbardörfer sowie Llucmajor sind Zentren einer wieder florierenden Lederindustrie. Lohnend, weil relativ preiswert, sind vor allem Schuhe. Einfachst geschnitten, unschlagbar bequem und günstig sind die *aubarcas* – Ledersandalen, die eigentlich aus Menorca kommen. Richtig echt sind sie nur mit einer Sohle aus alten Autoreifen, Absatz und Glitzerstoff gehen aber auch.

Traditionelle und bis heute überall auf der Insel zu findende Dekostoffe mit Zungenmuster, nach einer malaiischen Bezeichnung *ikats* genannt, werden noch in Santa Maria und in Pollença gewebt. Die schweren, kühlenden Leinenstoffe *(robes de llengo)* sind wegen ihrer aufwendigen Her-

stellung nicht gerade billig. Zu kaufen gibt es Meterware, Sets, Kissenhüllen und Decken.

GLÄNZENDE ANDENKEN

Keine Lust auf Kunstperlen? Dann lass die großen Shops rund um Manacor links liegen und such auf Wochenmärkten nach individuellem Schmuck, aus Silber z. B. Empfehlenswert sind die Märkte in Alcúdia *(Di)*, Santanyí *(Mi)* und Campos.

MANDELBLÜTE FÜR ZU HAUSE

Das Mandelparfüm „Flor d'Ametler Classic" mit seinem blumigen Bouquet ist genau das Richtige, um den Duft der Insel aus dem Urlaub mit nach Hause zu nehmen. Es ist die Essenz Mallorcas – hergestellt nach einer alten Familienrezeptur. Das Besondere: In den formschönen Flakons (30 und 50 ml) befindet sich eine echte, handgepflückte Mandelblüte.

SPORT

Besonders wenn das Thermometer im Hochsommer die 40-Grad-Marke erreicht, zieht es die meisten Urlauber ans Meer. Schwimmen, Tauchen, Segeln und Surfen haben dann Hochsaison. Doch nicht nur Strandleben ist angesagt. Auch außerhalb der Sommermonate bietet das Mittelmeerklima ideale Bedingungen für Fitnessferien – ob auf dem Fahrrad oder bei Wanderwochen im Gebirge.

CANYONING

Canyoning, also Schluchtenklettern, ist eines der bestgehüteten Geheimnisse Mallorcas. Anbieter wie *Món d'Aventura (Kosten ab 50 Euro | Tel. 971 53 52 48 | mondaventura.com)* und *Experience Mallorca (Kosten ab 80 Euro | Mobiltel. 6 87 35 89 22 | experience-mallorca.com)* führen durch die von Wasserläufen durchfurchten, bis zu knapp 1500 m hohen Berge an der West- und Nordküste. Die *torrents* oder *barrancs* genannten Sturzbäche haben sich tief in das kalkhaltige Gestein gefressen und bieten sich für Klettertouren unterschiedlicher Schwierigkeit an. Im Winter sind die Schluchten voller Wasser, Kaskaden und Gumpen, im Sommer sind sie trocken und kühl. Da man meistens von oben nach unten klettert, 👓 brauchen Kinder nicht besonders viel Kraft, dafür aber Geschick und Spaß am Abenteuer. Sie sind jederzeit angeseilt und werden von erfahrenen Kletterern begleitet. Ein Helm ist Pflicht. Ausrüstung wird gestellt, im Winter auch Neoprenanzüge.

COASTEERING

Die beste Outdooraktivität für den Sommer! Angeseilt, mit Helm und unter Führung hangelst du dich an Steilküsten entlang. Keine Sorge, das Verletzungsrisiko ist gering. Wenn du danebengreifst, nimmst du nur ein

kühles Bad im Meer, das unter dir rauscht. Schwindelfreiheit und Spaß an Bewegung solltest du trotzdem mitbringen. Halbtagesausflüge bieten z. B. *Món d'Aventura (Kosten ab 40 Euro | Tel. 9 71 53 52 48 | monda ventura.com)* und *Escull Aventura (Kosten ab 60 Euro inkl. Transfer zum Hotel | Mobiltel. 6 91 23 02 91 | escul laventura.com),* beide sitzen in Pollença.

GOLF

Mit mittlerweile 24 Plätzen hat sich Mallorca zu einem neuen europäischen Golfmekka entwickelt. Viel Geld sparen kannst du beim Golfurlaub mit der *Mallorca Golfcard (mal lorca-golfcard.de)* für 119 Euro.

KITESURFEN & WINDSURFEN

Kitesurfen darf man auf Mallorca nur in der Bucht von Pollença. Ein Deutscher betreibt dort die Schule *Kite Mallorca (Dreitageskurs mit 10 Std. 300 Euro | Mobiltel. 6 47 89 11 22 | kitemallorca.com).*

Windsurfer kommen in den offenen Buchten von Alcúdia, Son Serra de Marina oder Sa Rápita auf ihre Kosten. Kurse bieten z. B. *Wind & Friends Watersports* (s. S. 88) in Alcúdia oder *Mallorca Adventure Sports (2 Std. 50 Euro | Mobiltel. 6 82 49 55 52 | mallorcaad venturesports.com)* in Pollença, Portals Nous und Can Pastilla an.

RADFAHREN

Im Frühjahr und Herbst biken Hobby- und Profiradler aus aller Welt zu Tausenden über die Insel. Die Inselregierung unterstützt diesen umweltverträglichen Nebensaison-Tourismus, baut das Wegenetz ständig aus und arbeitet an einer App, die geeignete Strecken ausweist. Da gibt es für jeden etwas: Wenig befahrene, flache Strecken zwischen den Dörfern – gesäumt von den

Die Hufe schwingen können Pferdefreunde am Strand

typischen Trockensteinmauern – etwa zwischen Campos und Campanet. Oder steile Routen für Radler, die es wissen wollen. Diese können auf den Passstraßen der Tramuntana zeigen, was in ihnen steckt, und z. B. den Coll de Puig Major – mit fast 1000 m über dem Meeresspiegel der höchste Pass der Insel – hinaufstrampeln. Oder sie suchen das Abenteuer auf der berühmten Serpentinenstraße zur Bucht Sa Calobra.

Räder, vom E-Bike bis zu Profirennmaschinen, kannst du beispielsweise in jedem Badeort ab 10 Euro pro Tag ausleihen. Radkarten gibt es auf *cycling-friendly.com*.

REITEN

Reiterhöfe *(Ranchos* oder *Clubs Hípic)* gibt es in den meisten Tourismuszentren. Weil allerdings fast die ganze Insel in Privatbesitz und vieles abgezäunt ist, sollte man sich geführten Ausritten anschließen. Der Reiterhof *Son Menut (Tagesausritt 110 Euro, Mittagssnack und Wasser inkl. | 1 Std. 25 Euro | Camí de Son Negre | Zufahrt von der Ma5120 bei km 7,5 | Tel. 971 58 29 20 | sonmenut.com)* in Felanitx leiht Kennern feurige andalusische Hengste. In der Sporthotel-Finca *Predio Son Serra (begleiteter Ausritt 1 Std. 33 Euro, Zehnerkarte 300 Euro | Tel. 971 53 79 80 | finca-son-serra.com)* in Can Picafort stehen Reitwochen und -kurse im Mittelpunkt.

SEGELN

41 Sporthäfen liegen rund um Mallorcas 550 km lange, abwechslungsreiche Küste. Dort kannst du Segelkurse

machen, Kapitänsprüfungen ablegen oder Boote chartern, z. B. in Palma bei *Charter del Mar (1 Woche ab 1550 Euro | Mobiltel. 6 06 59 17 84 | charterdelmar.com)* oder bei *CM Charter Mallorca (1 Woche ab 2450 Euro | Tel. 9 71 86 73 32 | cmcharter.de)* in Pollença.

STAND-UP-PADDELN

Erhaben übers Wasser gleiten: Stehpaddeln ist auf Mallorca immer noch voll im Trend. Mittlerweile kann man überall die Bretter ausleihen *(ab 10 Euro pro Std.),* auch Einführungskurse sind vielerorts buchbar. Das ist sportliches Aktivsein und intensives Naturerleben in einem.

TAUCHEN

Mallorcas Unterwasserwelt ist vor allem an den felsigen Küstenabschnitten und vor den Inselgruppen Dragonera und Cabrera sehr lebendig. Am klarsten ist das Wasser zwischen April und Juni. Der Verband *Mallorca Diving (mallorcadiving.com)* bietet mit sieben Schulen Service rund um die Insel. Ein Padi-Anfängerschein *(Scuba Diver)* dauert zwei bis drei Tage und kostet ab 280 Euro. Taucher können ab 56 Euro Tauchgang, Ausrüstung und Buddy buchen, z. B. in der wunderschön im Örtchen Sant Elm bei Andratx gelegenen Tauchschule *Scuba Activa (Tel. 9 71 23 91 02 | scuba-activa.com).*

INSIDER-TIPP
Action und Romantik im Doppelpack

In Calvià tauchst du auch ohne Ausbildung ab: *Peter Diving (2 Std., davon ca. 40 Min. Tauchen, ab 65 Euro | C/ Punta Negra 12 | Tel. 9 71 75 20 26 | peterdiving.com)* ist eine Mischung aus Schnorcheln und Flaschentauchen. Dabei kommt der Sauerstoff aus einer Flasche, die an der Wasseroberfläche treibt. Nach einer Einweisung geht es direkt unter Wasser, du brauchst keinen Tauchschein.

WANDERN

Wandern auf Mallorca, das ist vor allem der Fernwanderweg GR-221, der in mehreren Teilstrecken durch das Unesco-Welterbe Tramuntanagebirge an der Westküste führt. Die *Ruta de Pedra en Sec (Trockenmauerweg)* verläuft auf mehr als 150 km zwischen Andratx und Port de Pollença durch alte Kulturlandschaften mit Terrassenlandbau und Berghöfen. Dazwischen wachsen Eichen, Kiefern, wilde Olivenbäume. Der Meerblick macht das Wandererlebnis unvergesslich. Unterkunft bieten acht *refugis,* darunter sind sieben bewirtschaftete Hütten in Deià, Sóller, Alaró, Selva Escorca (dort zwei) und Pollença *(Übernachtung ab 14 Euro, Frühstück ab 5,50 Euro).* Am besten frühzeitig unter *short.travel/mlc13* reservieren.

Der Inselrat hat auch 14 einfache, kurzweilige 👥 Touren für Familien zusammengestellt, die man sich auf Deutsch herunterladen kann: *short.travel/mlc14.* Beim Wandern durch das Gebirge werdet ihr überall wilden Rosmarin entdecken. Besonders an warmen Tagen verströmt er seinen würzigen Duft. Haltet inne und schnuppert ausgiebig daran – das ist er, der typische Sommer-auf-Mallorca-Geruch!

DIE REGIONEN IM ÜBERBLICK

Durch die atemberaubende Serra de Tramuntana wandern

● Sóller

DER WESTEN S. 56

PALMA UND UMGEBUNG S. 38

● Andratx

● **PALMA**

✈

Platja de Palma

Shoppen, schlemmen, Kultur genießen

Mar Mediterrània

Sich am schönsten Naturstrand der Insel in die Fluten stürzen

10 km
6.21 mi

In antiken Römerstädten komplett die Zeit vergessen

Pollença

DER NORDEN S. 74

Sa Pobla

Badia d'Alcúdia

Inca

Artà

DIE INSELMITTE S. 120

Manacor

DER OSTEN S. 94

Llucmajor

Felanitx

Bilderbuchbuchten und kathedralengroße Tropfsteinhöhlen erkunden

Campos

DER SÜDEN S. 106

Santanyí

Kleine Dörfer, schöne Weingüter und den Alltag hautnah erleben

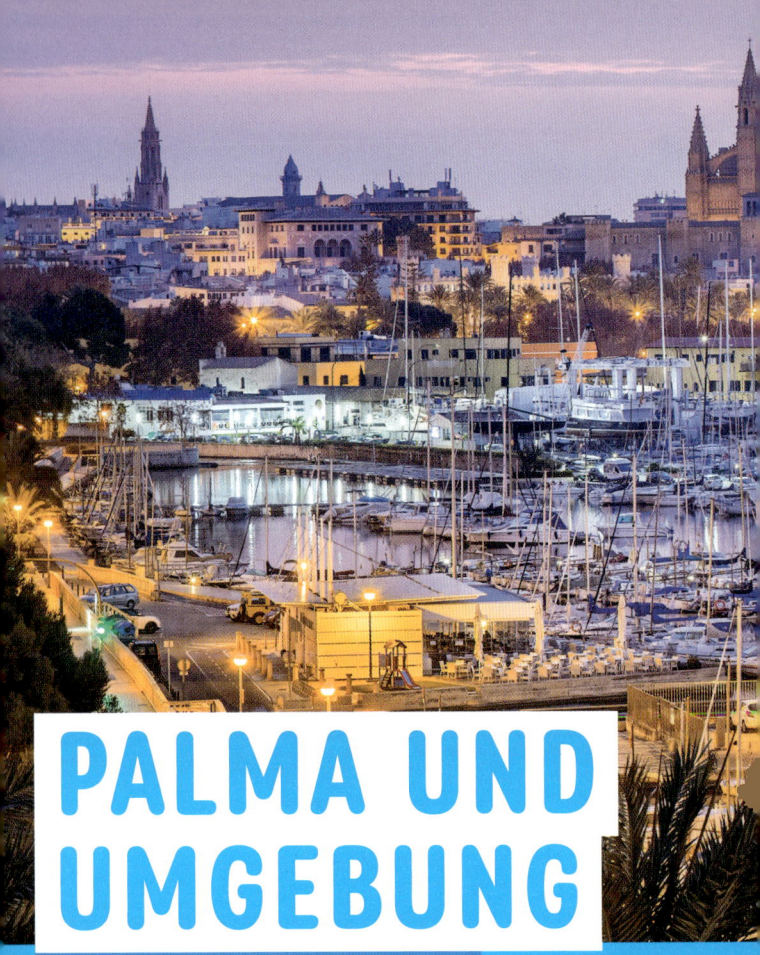

PALMA UND UMGEBUNG

EINFACH UNWIDERSTEHLICH

(📖 E-F7) **Sie gehört zu den schönsten Städten am Mittelmeer: Palma. Die quicklebendige City ist das unumstrittene Zentrum Mallorcas. Hier und in den angrenzenden Vierteln wohnt knapp die Hälfte der Inselbevölkerung – rund 407 000 Menschen.**
Um die Atmosphäre der Stadt zu genießen, lässt du am besten das Auto gleich in einer der blau markierten Parkzonen (s. S. 154) oder in einer Tiefgarage stehen. In vielen Gassen des Einbahnstraßengewirrs dürfen ohnehin nur Anlieger fahren und parken. Schlendere durch

Schon vom Hafen aus ist Palmas mächtige Kathedrale kaum zu übersehen

eine der größten erhaltenen mittelalterlichen Städte des Mittelmeerraums. Entdecke die Innenhöfe prächtiger Adelspaläste und verkehrsumtoste Straßencafés, weihrauchgeschwängertes Kirchendunkel und geschäftiges Treiben im grellen Licht der Markthallen, sonnenhelle Plätze und Schatten spendende Arkaden. Die Doppeldeckerbusse der Linie 50 fahren die touristischen Highlights der Stadt an. Eine Tour dauert ca. 90 Minuten. Mit dem Ticket *(12 Euro)* kannst du zwischen 10 und 18 Uhr an 18 Haltestellen beliebig ein- und aussteigen.

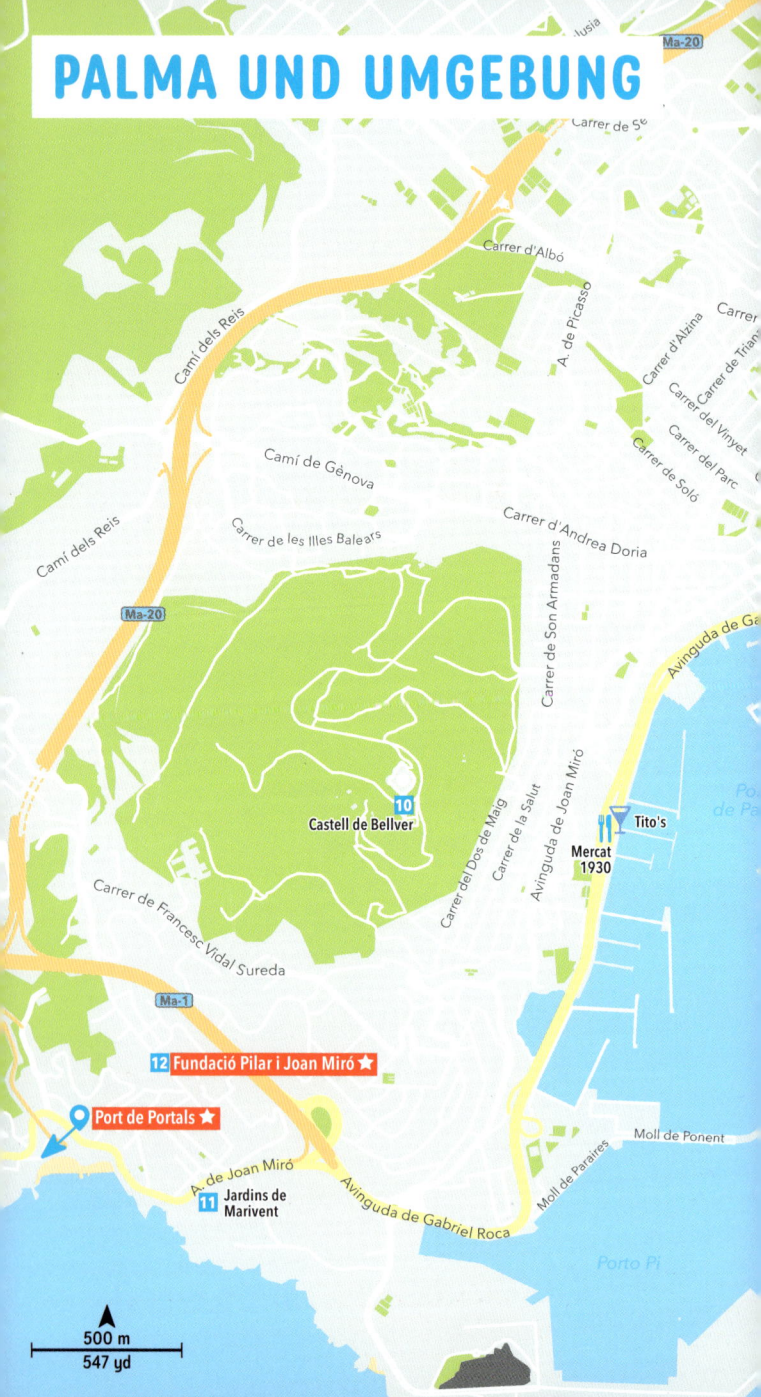

PALMA UND UMGEBUNG

Ma-20

lusia

Carrer de Se

Carrer d'Albó

A. de Picasso

Carrer d'Alzina

Carrer

Carrer de Trian

Camí dels Reis

Carrer del Vinyet

Carrer del Parc

Camí de Gènova

Carrer de Soló

Carrer de les Illes Balears

Carrer d'Andrea Doria

Camí dels Reis

Carrer de Son Armadans

Ma-20

Avinguda de Ga

Po.
de Pa

Carrer del Dos de Maig

Carrer de la Salut

Avinguda de Joan Miró

10 **Castell de Bellver**

Tito's

Mercat
1930

Carrer de Francesc Vidal Sureda

Ma-1

12 **Fundació Pilar i Joan Miró** ★

Port de Portals ★

Moll de Paraires

Moll de Ponent

A. de Joan Miró

11 **Jardins de
Marivent**

Avinguda de Gabriel Roca

Porto Pi

500 m
547 yd

Cine Ciutat
Mercado Gastronómico San Juan
Maraca Club
A. Gaspar Bennàsar

Carrer de Ticià

Sibilla

Sa Formatgeria
Akzent
Cafès Llofriu
Fornet de la Soca
Marc Fosh
Especias Crespi
Can Balaguer
Can Miquel
Fera
7
Gran Hotel ★
La Rosa Vermuteria
Mimbreria Vidal
Blue Jazz Club & Sky Bar
Casal Solleric
7
Es Baluard ★
8
13 %
Colmado Santo Domingo
Kaelum Club
Estanc d'es Born
Jazz Voyeur Club
Palau March Museu
6
5 Convent de Sant Francesc
Can Eduardo
La Bodeguita del Medio
1
2
Kathedrale La Seu ★
Port (Hafen) **9**
Palau de S'Almudaina
4 Museu de Mallorca
3 Banys Arabs

Avinguda Adolfo Suárez

Es Mollet

Platja de Palma

MARCO POLO HIGHLIGHTS

★ **KATHEDRALE LA SEU**
Die schönste Komposition aus Licht und Stein am Mittelmeer ➤ S. 42

★ **ES BALUARD**
Moderne Kunst in der ehemaligen Festung mit tollem Blick über die Stadt ➤ S. 44

★ **FUNDACIÓ PILAR I JOAN MIRÓ**
Gedächtnisstätte und Museum im ehemaligen Wohnhaus des Künstlers ➤ S. 45

★ **GRAN HOTEL**
Prächtiges Beispiel für restaurierten Jugendstil in Palma ➤ S. 45

★ **PORT DE PORTALS**
Klein-Marbella zum Sehen und Gesehenwerden ➤ S. 55

Günstig und abseits der Tourimeilen erkundest du Palma mit den Stadtbussen.
Linie 2 fährt rund ums Zentrum, Linie 7 von den Villen in Son Vida zum Migrantenviertel Son Gotleu *(Einzelfahrt 1,50 Euro | emtpalma. cat).* **Und vergiss nicht, die Umgebung zu erkunden ...**

WOHIN ZUERST?

(�☐ c6) **Kathedrale La Seu** und von dort ein Rundgang durch die obere Altstadt, über Plaça Major, Plaça Espanya, Treppenviertel und Plaça Llotja zum Hafen. Parken kannst du direkt unterhalb der Kathedrale im Parkhaus am Parc de la Mar. Oder du fährst mit dem Stadtbus EMT *(Linie 15)* bis Plaça de la Reina.

SIGHTSEEING

1 PALAU DE S'ALMUDAINA

Vom Meer aus wirken Kathedrale und Königspalast fast wie ein einziger Bau. Der einstige Alkazar des Emirs, später Residenz der aragonesischen Könige, beherbergt heute die Militärkommandantur und dient König Felipe VI. als Sitz, wenn er auf Mallorca weilt. Besonders sehenswert sind die Königsgemächer und die gotische Kapelle Santa Ana. *Di–So April–Sept. 10–19, Okt.–März 10–17 Uhr | Eintritt 7 Euro,* 🐦 *Mi/Do Sommer 17–19, Winter 15–17 Uhr gratis für alle EU-Bürger (Ausweis!) | C/ Palau Reial s/n |* 🕐 *1½ Std. |* �☐ *c5–6*

2 KATHEDRALE LA SEU ⭐

Das berühmteste Inselgebäude thront geradezu über dem Meer. Das etwa 110 m lange Hauptschiff fasziniert durch die 14 schlanken, knapp 22 m hohen Säulen und die große, aus rund 1200 Glasteilen bestehende Fensterrose in der Hauptapsis (11,5 m Durchmesser, ca. 100 m²), die bei Sonneneinfall bunte Lichtspiele zaubert. Besonders magisch wird es stets am 2. Februar und 11. November, wenn sich die Rosette der Ostfassade genau unter der Rosette der Westfassade spiegelt und eine Acht aus Licht entsteht.

Verzaubern lassen kann man sich auch vom Gaudí-Leuchter über dem Altar – und von der „Speisung der 5000" in der Petruskapelle, einer Riesenkeramik des Mallorquiners Miquel Barceló. Von Mai bis Oktober kannst du der Kathedrale aufs Dach steigen und von dort den atemberaubenden Blick über Stadt und Meer genießen *(Kosten 12 Euro, Anmeldung über Website). Mo– Fr Juni–Sept. 10–18.15, April/Mai und Okt. 10–17.15, Nov.–März 10–15.15, Sa ganzjährig 10–14.15 Uhr | Eintritt 7 Euro | Plaça Almoina | catedraldemal lorca.org |* 🕐 *1 Std., mit Terrassentour 2 Std. |* �☐ *c6*

> **INSIDER-TIPP**
> **Auf 215 Stufen hoch hinaus**

3 BANYS ARABS

Arabische Bäder – der Plural verspricht zu viel: Nur noch eine Kuppel und Säulen mit unterschiedlichen Kapitellen (10. Jh.) sind zu sehen. Erholsam ist der Garten, der samt Bädern zum Palast *Font i Roig* gehört und durch eine Brücke mit ihm verbunden ist. *Tgl. 9–19 Uhr | Eintritt 2,50 Euro | C/ de Serra 7 | ⏱ ca. 45 Min. | ▥ d6*

4 MUSEU DE MALLORCA

Lange vor dem Tourismus, im 13. Jh., wurde Mallorca zum Knotenpunkt im westlichen Mittelmeer. Im Museu de Mallorca erfährt man, was das für das Leben der Insulaner bedeutete. Das Haus wartet dazu mit 400 Ausstellungsstücken aus acht Jahrhunderten auf. *Di–Fr 10–18, Sa/So 11–14 Uhr | Eintritt 2,40 Euro | C/ Sa Portella 5 | ⏱ 1½ Std. | ▥ d6*

5 CONVENT DE SANT FRANCESC

Schön sind die Fensterrose und das Barockportal der sonst eher schlichten Kirchenfassade. Das Innere der großen Basilika aus dem 17. Jh. birgt einen prächtigen Barockaltar sowie das Grabmal des Denkers und Missionars Ramón Llull. Im Klosterbau mit einem herrlichen gotischen Kreuzgang ist heute eine Schule untergebracht. *Mo–Sa 10–13 und 14–18 Uhr | Eintritt 5 Euro | Plaça Sant Francesc 7 | ⏱ 1 Std. | ▥ e5*

6 PALAU MARCH MUSEU ☂

In ihrem Stadtpalast eröffneten 2003 die Nachkommen des legendären Bankiers Joan March eine stattliche Sammlung von Kunstwerken, u. a. eine neapolitanische Weihnachtskrippe mit mehr als 1000 Figuren und Einzelteilen. Im Erdgeschoss befindet sich eine bildschöne Filiale der Kaffeehauskette Cappuccino. *Mo–Fr April–Okt. 10–18.30, Nov.–März 10–17, Sa ganzjährig 10–14 Uhr | Eintritt 4,50 Euro | C/ Palau Reial 18 | fundacionbmarch.es | ⏱ 1 Std. | ▥ c5*

La-Seu-Lichtzauber: Die Kathedralenfenster werfen bunte Flecken an die Wände

Sehr schickes Puzzle:
die Mosaikfassade des Can Rei

7 PALÄSTE CAN BALAGUER UND CASAL SOLLERIC

Im Altstadtbereich um die Kathedrale und in Sa Portella finden sich viele Bürger- und Adelspaläste *(palaus)*, die vorwiegend im 15./16. Jh. nach italienischem Vorbild errichtet wurden. Eher strenge, festungsartige Fassaden und heitere, blumengeschmückte Patios (Innenhöfe) haben diese Bauten gemein, die normalerweise nicht besichtigt werden können. Einen Blick hinter die Türen und Mauern kannst du aber im schönen *Can Balaguer (Di–Sa 10–19, So 10–15 Uhr | C/ Unió 3 | can balaguer.palma.cat | Eintritt frei | 45 Min. | c4)* werfen. Schon Erzherzog Ludwig Salvador betrachtete es Ende des 19. Jhs. als eines der wichtigsten Gebäude Palmas. Einfach und ebenfalls kostenlos zu besichtigen ist der zu Kunstgalerie und Café umfunktionierte *Casal Solleric (Di–Sa 11–14 und 15.30–20.30, So 11–14.30 Uhr | Passeig des Born 27 | casalsolleric.pal ma.cat | 1 Std. | b4)*.

Ganz leicht gemacht wird es Besuchern in der Woche um Corpus Cristi (Fronleichnam): Dann kannst du in die Patios von etwa einem Drittel der insgesamt 154 Stadtpaläste schauen. In einigen finden dann auch Konzerte statt *(Auskunft in den Fremdenverkehrsbüros)*.

INSIDER-TIPP
Blick hinter die Kulissen

8 ES BALUARD ⭐

Der moderne Bau fügt sich genial in die historische Festungsanlage Palmas ein – ein spannender Kontrast zu den zeitgenössischen spanischen und internationalen Kunstwerken. Toller Blick auf Hafen und Kathedrale von den Dachterrassen. *Di–Sa 10–20, So 10–15 Uhr | Eintritt 6 Euro, an Festtagen gratis, weitere Rabatte s. Website | Plaça Porta de Santa Catalina 10 | esba luard.org | 1½ Std. | a4*

9 PORT (HAFEN)

Unterhalb der Kathedrale ragt eine lange Mole ins Meer hinein, die den Fischerhafen begrenzt. Hier legen auch die Schiffe für die einstündigen Hafenrundfahrten mit *Cruceros Marco Polo (März–Okt. Mo–Sa 11–16 Uhr stdl. | Kosten 12 Euro | crucerosmarco polo.com)* ab – eine erfrischende und erholsame Abwechslung für fußmüde Stadtbesucher. *a–b 5–6*

🔟 CASTELL DE BELLVER

Von außen wehrhaft-trutzig, in seinem von Loggien gesäumten, kreisrunden Innenhof eher elegant, krönt das Königsschloss die Stadt. Unter Jaume I. begonnen, 1309 fertiggestellt, diente es kurz als Residenz Jaumes II., später als Kerker und Ort schlimmer Judenpogrome (14. Jh.). Heute ist hier das historische Museum untergebracht, im Hof finden Konzerte statt. Schon der Blick auf Stadt und Hafen lohnt die Auffahrt. *Di–Sa April–Sept. 10–19, Okt.–März 10–18, So ganzjährig 10–15 Uhr | Eintritt 4 Euro, So frei | ⊙ 45 Min. | ▥ E7*

1️⃣1️⃣ JARDINS DE MARIVENT 🐦

Lust auf Kunst von Miró? Dann flaniere durch den Garten der mallorquinischen Sommerresidenz der spanischen Königsfamilie. In den Jardins de Marivent findest du zwölf Bronzeskulpturen von Miró open air. Der Besuch im Park von Majestät ist kostenlos.

INSIDER-TIPP
Sich wie ein Blaublut fühlen

Wenn Felipe VI. und Anhang auf der Insel weilen, wie z. B. stets zu Ostern, ist das riesige Tor allerdings für Besucher geschlossen. *Tgl. Mai–Sept. 9–20, Okt.–April 9–16.30 Uhr | Avda. de Joan Miró 229 | Cala Major | ⊙ 30 Min. | ▥ E8*

1️⃣2️⃣ FUNDACIÓ PILAR I JOAN MIRÓ ⭐

Noch mehr Miró gibt es hier. Getreu dem Willen des Wahlmallorquiners und gebürtigen Katalanen Joan Miró (1893–1983) wurden Atelier und Wohnhaus des Künstlers zu einem „Ort, wo Menschen gemeinsam arbeiten, schaffen und diskutieren". Ein Teil seines Nachlasses ist im von Rafael Moneo wunderschön entworfenen Museum zu sehen; dazu gibt es wechselnde Ausstellungen. Nicht den Park und das Café mit Wandmosaik verpassen! Zu bestimmten Zeiten ist auch Mirós Atelier zu besichtigen. *Di–Sa Mitte Mai–Mitte Sept. 10–19, Mitte Sept.–Mitte Mai 10–18, So ganzjährig 10–15 Uhr | 🐦 Eintritt 7,50 Euro, Sa ab 15 Uhr, 1. So im Monat sowie Tage der offenen Tür (s. Website) frei | C/ Saridakis 29 | Cala Major | miromallorca.com | ⊙ 1½ Std. | ▥ E8*

JUGENDSTILBAUTEN

Die katalanische Version des Jugendstils, der *modernisme,* zeigt sich in Palma an schön restaurierten Fassaden. Das *Edifici Casayas* an der Plaça Mercat wurde 1908–11 von Francesc Roca erbaut. Schräg gegenüber, an der Plaça Weyler, liegt die wohl schönste Jugendstilfassade der Stadt: Das ⭐ *Gran Hotel (Mo–Sa 10–20, So 11–14 Uhr | Eintritt 4 Euro | ▥ d4),* 1901–03 von Lluís Domènec i Montaner errichtet, ist heute eine Kunstgalerie mit Restaurant. Die nebeneinander stehenden Häuser *Can Rei* und *L'Aguila* an der Plaça Marqués de Palmer entstanden 1908/09 und sind wegen ihrer farbigen Mosaiken berühmt. Besonders hier macht sich der Einfluss des Meisters des katalanischen *modernisme,* Antoni Gaudí, bemerkbar. Maurisch beeinflusst ist dagegen *Can Corbella* im Carrer Jaume II.

PLAÇAS (PLÄTZE)

Sich irgendwo hinsetzen und schauen, bei einer Tasse Kaffee oder einem Glas Wein: Das macht Einheimischen wie Urlaubern am meisten Spaß auf Palmas Plätzen. Etwa auf der *Plaça de Cort* (🗺 d5), dem verkehrsberuhigten Rathausplatz mit dem mehrhundertjährigen Ölbaum vor dem *ajuntament*. Oder auf der *Plaça Llotja* (🗺 b5), dem Börsenplatz, mit Blick auf die alte Seehandelsbörse aus dem 15. Jh. und den Hafen. Auf der schönen, rechteckigen *Plaça Major* (🗺 d4), dem Hauptplatz in der Oberstadt, der umrahmt ist von gelben Häuserfassaden und Arkadengängen, sind Touristen fast unter sich.

An der *Plaça Espanya* (🗺 e2) schaut von Tauben umschwirrt Jaume I. von seinem Sockel auf diesen quirligen Verkehrsknotenpunkt mit Bus- und Sóller-Bahnhof herab. Gleich um die Ecke treffen sich Hausfrauen und Leckermäuler an der *Plaça de l'Olivar* (🗺 e3), und zwar vor oder nach dem Einkauf im *Mercat de l'Olivar,* der größten Markthalle der Stadt – nicht ohne in der *Cervecería Anfos* (Markthalle 1. Stock | Tel. 9 71 72 91 20) vorbeizuschauen: Trini und Manolo braten ihren Gästen den Fisch oder das Fleisch, das sie auf dem Markt gekauft haben.

INSIDER-TIPP
Vom Markt direkt auf den Grill

Die *Plaça Rei Joan Carles* (🗺 b–c4) mit dem Schildkrötenobelisken in der Mitte ist mit der meist überfüllten *Bar Bosch* und dem *Café Solleric* der Stadtbummeltreff schlechthin.

ESSEN & TRINKEN

Das ganze Viertel *Santa Catalina* verwandelt sich im Sommer ab 20 Uhr in eine international gedeckte Open-Air-Tafel. Eine große Auswahl an Restaurants gibt es im verkehrsberuhigten

Carrer de la Fàbrica. Die Gäste sitzen hier Tisch an Tisch auf dem Gehsteig. Empfehlenswert in Santa Catalina: das *Duke* (Mo–Sa 13–16 und 19.30–23 Uhr | C/ Soler 36 | Tel. 9 71 07 17 38 | dukepalma. com | €€) mit seinen leichten, gesunden Gerichten und das *Nuru* (Mo–Sa 13–15.30 und 19–23 Uhr | C/ Anníbal 11 | Tel. 8 71 96 49 31 | nuru.restaurant | €€) mit asiatischer Fusionküche. *Simply Delicious* (Mo–Sa 11–17 Uhr | Plaça Navegació 5 | Mobiltel. 6 00 67 37 22 | simply delicious.es | €€) sind die Gerichte aus Nahost im gleichnamigen Restaurant. Wer Lust auf Hausmannskost der leckeren Art hat, stellt sich an den Tresen der Bar *Joan Frau* (Mo–Sa 7–17 Uhr | Plaça de la Navegació | mercatdesanta catalina.com | €) in der Markthalle Mercat de Santa Catalina. Sie bietet seit 50 Jahren Mallorca-typische Tapas nach Hausfrauenart. Probier die gefüllten Auberginen und die Gemüsepizza *Coca de Verdura*. Mit Glück ergatterst du sogar einen Platz hinter der Theke, da sitzt es sich am lustigsten.

INSIDER-TIPP
Heiß begehrte Tische

CAN EDUARDO

Eines der besten Restaurants für Fisch, Muscheln und Meeresfrüchte in Palma. Direkt neben der Fischhalle *(Sa Llotja des Peix)*. Tgl. ab 13 Uhr, Nov.–Feb. So-Nachmittag geschl. | C/ Contramuelle | Es Mollet | Tel. 9 71 72 11 82 | caneduardo.com | €€ | 🗺 a5

13 %

Im schicken Carrer Feliu findet sich dieses Souterrainlokal: Frisch sind seine Farben, schmackhaft die mediterra-

Der imposante Olivenbaum auf der Plaça de Cort ist mehrere Hundert Jahre alt

nen, kleinen Gerichte, sorgfältig ausgewählt die Weine, die auch glasweise zu haben sind. *Mo–Sa ab 12.30 Uhr | C/ Feliu 13 | Seitenstr. vom Passeig des Born | 13porciento.com | €–€€ | b4*

CAN MIQUEL
Die alteingesessene Eisdiele hat in ihren zwei Filialen im *Carrer Montcades 9* und der *Avinguda Jaume III 6* eine traumhaft große Auswahl. Auch im Winter: Dann kannst du dir die Finger lecken nach Gebäck und Pralinen und Tee oder Kaffee schlürfen – alles Eigenmarke, versteht sich. *Tgl. ab 8.30 Uhr | Facebook: canmiquel1979 | b4*

FERA
Nahe der quirligen Einkaufsmeile Jaume III kocht der österreichische Küchenchef Simon Petutschnig im stylish restaurierten Altstadtpalast Gerichte zum Niederknien auf die mediterran-asiatische Art. Dazu wird eine sehr gute Weinauswahl geboten. Mittags tafelt man im Edelambiente für 22,90 Euro. Eigene Menüs für Vegetarier gibt's auch. An der Bar kann man auch einfach nur einen Drink nehmen. *Tgl. ab 13 Uhr | C/ de la Concepció 4 | Tel. 971595301 | ferapalma.com | €€–€€€ | b4*

FORNET DE LA SOCA
In dem Gebäude mit der schicken Jugendstilfassade der einstigen Bäckerei *Forn des Teatre* schwingt der vielfach prämierte Tomeu Arbona jetzt den Rührlöffel und präsentiert leckere Backwaren. *Di–So 7.30–20 Uhr | Plaça de Weyler 9 | d4*

MARC FOSH
Sternekoch Marc Fosh und sein Team zaubern Kreationen aus Produkten

der Saison im hellen Restaurant mit Patio im Hotel *Convent de la Missió. Tgl. 13–15 und 19.30–22 Uhr | C/ Missió 7a | Tel. 9 71 72 01 14 | marcfosh. com | €€–€€€ | 🗺 d3*

SIBILLA
Wenn dich beim Shoppen in der verkehrsberuhigten Einkaufsstraße Blanquerna der Hunger überfällt, bist du hier richtig. Es gibt Frühstück, Mittag- und Abendessen zu günstigen Preisen *(Mittagsmenü Mo–Fr 10,80 Euro, Sa/So 12 Euro)* und in schlicht-moderner Einrichtung. *Tgl. 8–24 Uhr | C/ de Blanquerna 7 | Tel. 9 71 20 10 03 | €–€€ | 🗺 d1*

MERCADO GASTRONÓMICO SAN JUAN
Die Halle im ehemaligen Schlachthof S'Escorxador hat sich zum Tapastreffpunkt gemausert: Du hast die Wahl zwischen 16 Ständen! Am Wochenende ist es rappelvoll. Sehr spanisches Ambiente. *Tgl. 12.30–24 Uhr, Do–Sa länger | C/ de l'Emperadriu Eugènia 6 | mercadosanjuanpalma.es | €–€€ | 🗺 F7*

MERCAT 1930
Gleiches Konzept, anderer Ort: Zum Tapas-Hopping ist auch der Mercat 1930 an Palmas Meerespromenade ideal. *Tgl. 12–24 Uhr, Fr/Sa länger | Avd. Gabriel Roca 33 | mercat1930.com | €–€€ | 🗺 E7*

ES MOLLET
Mit Blick auf den kleinen Hafen Es Molinar/Portixol im Osten Palmas zaubert der Küchenmeister besten Grillfisch –

allerdings zu märchenhaften Preisen. *Di–Sa 13–16 und 19.30–23.30 Uhr | C/ Sirena 1 | Tel. 9 71 24 71 09 | €€€ | 🗺 F7*

SHOPPEN

Lust auf einen Einkaufsbummel? Dann schlendere zuerst den Prachtboulevard *Passeig des Born* entlang und die *Jaume III* rauf und runter, das muss sein. Wenn du danach noch Ausdauer hast, lauf den *Carrer Unió* hoch und biege zum *Carrer Sant Miguel* ab, dann hast du Palmas beste Modegeschäfte gesehen. Hier findet man Läden mit internationalen Marken wie Escada, Hugo Boss oder Aigner und Boutiquen von spanischen Designern (Ángel Schlesser, Adolfo Domínguez, Purificación García, Sita Murt, Mar Sobrón, Custo). Auch Pretty Ballerinas von Jaime Mascaró oder Camperschuhe gibt es hier günstiger als in Deutschland. Dazwischen haben sich Zara, Mango & Co angesiedelt, sodass für jeden Geldbeutel was dabei ist.

COLMADO SANTO DOMINGO
Im Treppenviertel liegt dieses fotogene Lädchen, in dem du *sobrassadas, jamón serrano* und andere landestypische Spezialitäten findest. *Mo–Fr 10.15–20, Sa bis 19.45 Uhr | C/ Santo Domingo 1 | 🗺 c5*

ESTANC D'ES BORN
Er ist bereits eine Institution, der wohlsortierte Tabakladen an Palmas Prachtboulevard. Die berühmtesten Zigarren der Welt bekommt man hier viel preiswerter als daheim. *April–Sept. Mo–Sa 9–23, So 11–19 Uhr, Okt.–März*

Mo–Sa 9–21.30, So 11–15 Uhr | Passeig des Born 20 | ▥ c4

SA FORMATGERIA

Der winzige Laden macht großen Wind: Er verbreitet Käsedüfte von unzähligen mediterranen Sorten. Bar und Shop zugleich mit preiswerten Probiertellern und guten Weinen. Nimm die *tabla de queso* mit sechs balearischen Sorten von Ziege, Schaf und Kuh *(9,90 Euro). Mo–Sa 9–21 Uhr | C/ Oms 30 | saformatgeria.com | ▥ c2*

AKZENT

Die deutsche Buchhandlung hat über 100 Mallorcatitel vorrätig und bietet auch gute Spanischkurse an. *Mo–Fr 9–14 und 16.30–20, Sa 10–14 Uhr | Plaça Carme 14 | Tel. 9 71 71 99 94 | akzent-palma.com | ▥ d3*

CAFÈS LLOFRIU

Kaffeeparadies: Hier kannst du dich durch mehr als 30 verschiedene Sorten Kaffee schnüffeln und schmecken! Gegenüber dem Feinschmeckermarkt Mercat d'Olivar werden die Bohnen seit 1866 frisch gemahlen. Auf jeden Fall probieren solltest du die Hausmischung. *Mo–Sa 8.30–14 und Mo–Fr 17–20 Uhr | C/ Josep Tous i Ferrer 10 | ▥ e3*

ESPECIAS CRESPI

Weithin strömen orientalische Gerüche aus Mallorcas berühmtestem Gewürzladen. Über 150 Sorten Kräuter und Gewürze stehen in Päckchen zum Kauf bereit, vom simplen Oregano bis zum teuren *azafrán* (Safran). *Mo–Sa 10–13.30 und Mo–Fr 16.30–20 Uhr | Via Sindicato 64 | especiascrespi.com | ▥ e4*

MIMBRERIA VIDAL

Korb- und Bastwaren bis unter die Decke findest du in der letzten Flechterei in Palmas „Korbmacherstraße" Carrer Cordería. Das Geschäft von Tomas Vidal gehört zu den ursprünglichsten der ganzen Stadt. Dort entdeckst du alles von Stühlen mit geflochtener Sitzfläche über Hängematten bis hin zu den typisch mallorquinischen Korbtaschen aus Palmblättern. Es gibt sie traditionell schlicht, mit Reißverschluss oder mit langen Lederriemen. Als Strand- und Einkaufstaschen sind sie ideal, auch zu Hause. Schau dir in

INSIDER-TIPP
Ganz schön verflochten

Schuhe gucken geht immer? Die Marke Camper hat ihre Heimat auf Mallorca

der Straße und den umliegenden Gassen auch gleich die tolle Street-Art an. Hier im Viertel Sa Gerrería gleich hinter der Plaça Major ist die Straßenkunst Kult! *Mo–Sa 9.30–13.30 und Mo–Fr 16.30–20.30 Uhr | C/ Cordería 13 | mimbreriavidal.com |*  *e4*

KUNSTGALERIEN

Die Kunstszene auf der Insel ist lebhaft und bunt. Von den über 30 Adressen in Palma hier nur eine Auswahl: *Altair (C/ Sant Jaume 23); Casal Solleric (Passeig des Born 27); Sa Nostra (C/ Concepció 12); Sala Pelaires (C/ de Can Verí 3).*

INSIDER-TIPP
Wenn das Kunstfieber grassiert

Am dritten Septemberwochenende steigt das größte Kunstevent: die *Nit de l'Art.* Eine ganze lange Nacht wird der Kunst gewidmet – in rund 25 Galerien. Dazu gibt's Livemusik auf der Straße und kulinarische Genüsse.

SPORT & SPASS

MALLORCA FREETOUR

Lust auf eine kleine Führung? Kostenlose Touren bietet Mallorca Freetour immer von Montag bis Samstag vom Parc de la Mar unterhalb der Kathedrale zur Plaça Espanya ( *e2*). Zwar nicht auf Deutsch, aber auf Englisch, Spanisch und Französisch. Treffpunkt ist um 11 Uhr gegenüber der Touristen-Info. Ein Trinkgeld wird gern gesehen. Auch zum Programm gehören Touren durch das jüdische Viertel und rund um die Kathedrale (*Preis 10 Euro pro Teilnehmer, ab 10 Pers.). Mobiltel. 6 83 31 71 92 | mallorcafreetour.com*

PALMA JUMP

Hüpfburg ist was für Anfänger! Palma Jump am Stadtrand hat gleich 50 Trampoline, elastische Basketballfelder und viel mehr. Kinder ab 5 Jahre dürfen alleine springen, Kleinere hopsen unter der Woche mit einem Erwachsenen übers Familientrampolin. Freitagabends steigen Hüpfpartys für Jugendliche – mit DJs und Discobeleuchtung! *So–Do 9–22, Fr bis 23, Sa bis 24 Uhr | C/ Textil 3 | Grundstück 33 | Gewerbepark Son Valentí | palmajump. com | 10 Euro pro Std., Familientarif (Kleinkind und Erwachsener) 5 Euro, Hüpfparty (2 Std.) 12 Euro |*  *F7*

WELLNESS

Das Hotel *GPRO Valparaiso Palace & Spa (C/ Francisco Vidal Sureda 23 | Tel. 9 71 40 03 00 | gprovalparaiso.com |*  *E7)* hat das größte und schönste

Sonne aus, Feierlaune an: Wenn die Hitze nachlässt, beginnt in Palma das Nachtleben

Spa in Palma. Es steht auch Tagesgästen offen. Zum Angebot gehören Kneippgang, Eisbrücke, asiatische Anwendungen, Pools und Aromabäder. Ein fünfstündiger Aufenthalt ohne Behandlungen kostet ab 35 Euro.

AUSGEHEN & FEIERN

Kathedrale, Schloss und Hafenboulevard sind beleuchtet, wenn es nach Mitternacht rund geht im Viertel *Sa Llotja* am *Passeig Marítim* und im Viertel *El Terreno*. Ob du flanierst oder dich im Taxi von Club zu Club chauffieren lässt – Palmas Nachtszenerie ist kunterbunt.

TITO'S

Die Megadisco ist lautstark und legendär. Dazu kommt die gute Aussicht: vom gläsernen Fahrstuhl und auf den Hafen. *Juli/Aug. tgl. ab 23 Uhr, weitere Öffnungszeiten s. Website | Eintritt je* *nach Event 30–50 Euro | Passeig Marítim | titosmallorca.com |* 🗺 *E7*

KAELUM CLUB

Cooler Club am Rand des Santa-Catalina-Viertels, berühmt für das „Tardeo": Von Oktober bis Juni beginnt die Party samstags bereits am Nachmittag (span. *tarde*) gegen 16.30 Uhr und dauert bis ca. 22.15 Uhr. *Mo, Do–Sa ab 23.30 Uhr, im Winter Mo geschl. | Avd. Argentina 1 | Facebook: kaelumclub mallorca |* 🗺 *E7*

BLUE JAZZ CLUB & SKY BAR

Lass es dir gut gehen bei Jamsessions und Livekonzerten im 7. Stock des Hotels Saratoga. Wer Lust auf einen Drink in luftigen Höhen hat und die Skyline von Palma genießen möchte, geht noch einen Stock höher in die Sky Bar.

INSIDER-TIPP
Dem Himmel so nah

Musik Mo, Do–Sa ab 20.30 Uhr | Paseo Mallorca 6 | bluejazz.es | ▥ a4

LA BODEGUITA DEL MEDIO
Von Palma nach Havanna in nur einer Sekunde: Schnapp dir einen Mojito, und ab in die Menge! Hier tanzt man eng und ohne Ende Salsa und Latino. *Tgl. ab 24 Uhr | C/ Valseca 18 | ▥ b5*

JAZZ VOYEUR CLUB
Winziger Livejazzclub, aber der beste Palmas. *Di–So ab 20.30 Uhr | C/ Apuntadores 5 | jazzvoyeurclub.com | ▥ b5*

LA ROSA VERMUTERÍA
Das Wermutfieber tobt auch in Palma. In der Vermutería La Rosa und im *La Rosa Chica (C/ de Monsenyor Palmer 5)* kannst du aus 50 Sorten wählen. Probier dazu die klassischen Gildaspießchen (Olive, Peperoni, Sardelle). Zum Essen ist das große Lokal aber nur bedingt zu empfehlen. *Di–So 12–24, Mo ab 19 Uhr | C/ Rosa 5 | Facebook | ▥ c-d4*

MARACA CLUB
Heiß, eng, laut – richtiges Mittelmeerdisco-Feeling kommt in diesem Laden auf. Mit Live-Acts. *Do–Sa ab 22.30 Uhr | C/ Poeta Francesc Fiol i Joan 1 | Facebook: Maracaclubpalma | ▥ F7*

CINE CIUTAT ☂
Kinofans erhalten das Programmkino als Kooperative am Leben. Das ist ein Glück auch für Urlauber, denn es laufen sehenswerte Filme in Originalsprache (meist mit spanischen Untertiteln). *Eintritt 7,50 Euro, Mo 5 Euro | C/ de l'Emperadriu Eugènia 6 | cineciutat. org | ▥ F7*

RUND UM PALMA

CIUTAT JARDÍ
4,5 km von Palma, 10 Min. Autofahrt
Besonders an Wochenenden beliebt bei Einheimischen ist der Villenvorort östlich von Palma wegen seiner Lage direkt am Meer. Er punktet mit einem schönen Badestrand und der dahinter gelegenen „Fressmeile" mit exzellenten Fischlokalen wie dem *Casa Fernando (Di–So 13–16 und 19–24 Uhr | C/ Trafalgar 27 | Tel. 9 71 26 54 17 | restaurantecasafernando. com | €€€),* wo Touristen mit Geschäftsleuten zusammentreffen. Hier suchst du dir an der Theke fangfrischen Fisch und Meeresfrüchte für den Grill aus. ▥ F8

PLATJA DE PALMA ☂
9 km vom Zentrum, 15 Min. Autofahrt
8 km Sandstrand und jede Menge Party: Wenn schon ballern, dann authentisch, rund um den *Beach Club Six (C/ Arenal 45a | Facebook: Balneario Beach Club Six Mallorca),* dem im schlichten Ibiza-Chill-out-Stil dekorierten Ballermann, wo sich vor allem in den Sommermonaten deutsche Bierseligkeit lautstark Luft macht. Gleich dahinter reiht sich Kneipe an Kneipe in der *Bier- und Schinkenstraße,* die der Platzhirsch *Bierkönig (bierkoenig.com)* fest im Griff hat. Erlebt haben solltest du das Spektakel am Ballermann aber mal – am besten zur Happy Hour am Spätnachmittag. Ansonsten würde der 8 km lange, breite Sandstrand mit seinen insgesamt 16 *balnearios* (Strandabschnitten) und seiner palmengesäumten Promenade

RUND UM PALMA

ESPAÑA

Santa Maria del Camí

20 km, 20 Min.

es Caülls

16 km, 20 Min.

Mallorca Fashion Outlet

Establiments
Son Sardina

Es Figueral -
Can Farineta

Sant Marçal

Pòrtol/
Sa Cabaneta

Ma-13

Ses Cases Noves

Ca's Capità

es Pla de na Tesa

Ma-20

Es Pont d'Inca

Bons
Aires

Ma-20

Son Canals

Ma-30

s'Hostalot

Son Pisà

Santa
Catalina

Ma-20

Gènova

Ma-1

Cala Major

Jungle Parc
Junior

Ses Illetes

Palma

Son Ferriol

Ma-15

Ma-15

13 km, 25 Min.

Es Molinar

Ma-19

Platja
de Palma

Ciutat Jardí

4 km

Can Pastilla

2.49 mi

Platja de Palma

es Pil·larí

Palma Aquarium

Port de Portals ★

eher beschaulich wirken, wäre da nicht eine nahezu lückenlose Hotelbebauung mit insgesamt rund 45 000 Betten, die ausnahmslos fest in der Hand von Reiseveranstaltern sind. Nirgendwo auf der Insel ist die touristische Infrastruktur so perfekt wie an der Platja de Palma. Zwar gibt es viele überalterte Hotelbauten, doch es tut sich einiges. So sind dort mittlerweile auch Hotels mit viereinhalb und fünf Sternen entstanden. Und eine Hoteliers-Initiative vermarktet den Strand schon jetzt unter einem schickeren Namen: *Palma Beach*.

Der *Megapark (C/ Arenal 51 | megapark. tv/megapark)*, ein gigantisches Partymekka in einem neugotischen Gemäuer, das Platz für bis zu 8000 Gäste bietet und dessen nächtliche Musikszene unter die Erde verlegt wurde, liegt in unmittelbarer Nähe zum Ballermann.

Zuletzt war die Zukunft des „größten Biergarten Europas" allerdings fraglich. In *S'Arenal,* ganz am Ende der Bucht, urlauben junge Leute preiswert in einfachen Pensionen. ▨ *G8*

PALMA AQUARIUM 🎭🌴⛵

12,5 km von Palma, 20 Min. Autofahrt
Zur Anlage gehören 55 Aquarien mit beeindruckender Pflanzenwelt und 8000 Meerestiere, eine Dschungellandschaft, ein Mittelmeergarten, Restaurant und Café. Vom transparenten Tunnel aus seid ihr den Fischen ganz nah, auch den Haien. Den Raubfischen und den Rochen könnt ihr bei der Fütterung zuschauen. *Tgl. 9.30– 18.30 Uhr | Eintritt 25 Euro, Kinder 14 Euro | Autobahnausfahrt 10 (beim balneario 14, ausgeschildert) | palma aquarium.com |* ⏱ *2–3 Std. |* ▨ *G8*

MALLORCA FASHION OUTLET

16 km von Palma, 20 Min. Autofahrt
Für alle Schnäppchenjäger lohnt sich der Einkaufstrip zu den rund 30 Outletstores mit 60 bekannten Marken. ☛ Super-Donnerstag: Immer am letzten Donnerstag im Monat gibt es die besten Rabatte. Außerdem findest du dort ein Vergnügungszentrum mit Minigolf, Bowling, Spielhallen, Restaurants sowie 20 Kinos. *Tgl. 10–22 Uhr | Ctra. Palma–Inca, bei km 7,1 | Ausfahrt Marratxi/Sa Cabaneta, von Palma aus auf der linken Seite der Autobahn | mallorcafashionoutlet.com |* 🗺 *G6*

PÒRTOL/SA CABANETA

18 km von Palma, 25 Min. Autofahrt
Seine Töpfer- und Keramikwerkstätten haben den Doppelort (9600 Ew.) nordöstlich von Palma bekannt gemacht. Die zehn *olleríes* in *Pòrtol* sind beschildert. Hier werden die bauchigen *olles*

und die flachen *greixoneras* hergestellt. *L'Albello (C/ Major 45)* am Ortseingang und *Sa Roca Lisa (C/ Sa Roca Lisa 24–26)* haben die größte Auswahl. Die Werkstätten von *Sa Cabaneta,* versteckt im oberen Ortsteil, sind berühmt für ihre weiß-rot-grünen Tonfiguren mit Pfeife, die *siurells.* Infos: *visit.marratxi.es.*
Nahe der Kirche Sant Marçal gibt es im *Local No 2 (Mo–Sa ab 19 Uhr, häufig wechselnde Öffnungszeiten, s. Website | C/ Casa del Poble 3 | Tel. 9 71 79 79 80 | tapasmallorca.com)* Tapas aller Art – das Buffet bricht beinahe zusammen unter der Auswahl von mehr als 50 Varianten! 🗺 *G6-7*

SANTA MARIA DEL CAMÍ

18 km von Palma, 20 Min. Autofahrt
Rund um den Ort (7000 Ew.) haben sich viele (deutsche) Residenten in Fincas angesiedelt. Schau dir den kleinen Kreuzgang des Klosters aus dem

Ran an den Speck! Im Méson Can Pedro warten ganze Ibericoschinken

17. Jh. an und besuch den großen *Sonntagsmarkt* mit Bioständen auf dem neuen Dorfplatz. Die Ökobauern der Insel bieten von Obst und Gemüse über frisch gebackenes Sauerteig-Dinkelbrot bis zu Straußensalami und Feigenmarmelade ihre Produkte an.

Mitten im Dorf liegt die Craft-Brauerei *Cerveza Nau (cerveza-nau.com).* Von hier aus kannst du zu Fuß den Ortskern fernab der Durchfahrtsstraße erkunden. In der *Bar Can Beia (Mi–Mo 7–2 Uhr | C/ Oleza 4)* am alten Dorfplatz solltest du einmal das essen, womit alle Mallorquiner groß werden: eine gemischte Tapasportion namens *variat.* Nur noch zwei Leinenwebereien gibt es auf der Insel. *Artesania Textil Bujosa (C/ Bernardo Santa Eugènia 53)* stellt als einzige die traditionellen *ikats,* die sogenannten Zungenstoffe, noch von Hand her; entsprechend hoch ist der Preis. 🗺 *H6*

GÈNOVA

6 km vom Zentrum, 15 Min. Autofahrt
Der westlich gelegene Vorort von Palma ist ein Schlemmerland mit vielen urigen Kneipen und Restaurants, die romantisch zwischen den Treppen und Terrassen Gènovas liegen. Rustikal mallorquinisch geht es im *Mesón Can Pedro (tgl. 12.30–0.30 Uhr | C/ del Rector Vives 14 | Tel. 971 70 21 62 | canpedro.es | €)* mit Holzkohlegrill zu. Originell und verwunschen ist es dagegen im *Ses Coves de Genova (Di–So 13–16 und Do–Sa 20–24 Uhr | C/ Barranc 45 | Tel. 971 40 23 87 | cuevasdegenova.com | €€)* direkt neben den Tropfsteinhöhlen. Gute Kombi: Erst sich Palma von unten angucken und dann schön essen. Tickets für Führungen gibt es im Lokal. 🗺 *E7*

JUNGLE PARC JUNIOR 👓

10 km von Palma, 15 Min. Autofahrt
Sport, Spaß, aufregende Balancepartien und kleine Mutproben erwarten hier Kinder zwischen 4 und 11 Jahren – sorgfältig gesichert – in einem Wäldchen bei Palma. In dem Ableger des *Jungle Parc (Santa Ponça)* warten sechs unterschiedliche Touren auf Abenteuerlustige. Mitarbeiter des Parks geben jederzeit Hilfestellung. *Stark wechselnde Öffnungszeiten, s. Website | Eintritt 14 Euro | C/ Arquitecto Frances Casas 16 | Bendinat | jungleparcjunior.es |* ⏱ *2 Std. |* 🗺 *E8*

PORT DE PORTALS ⭐

11 km von Palma, 20 Min. Autofahrt
Der mondäne Yachthafen unterhalb von Portals Nous zieht alle an, die sehen und gesehen werden möchten, auch Spaniens Königsfamilie. Die Liegeplätze sind mit die teuersten der Insel. Dazu passt der Hafenboulevard mit seinen Edelboutiquen und feinen Restaurants. Im *Diablito (tgl. 9–24 Uhr | Tel. 971 67 65 03 | diablito.es | €€)* ziehen sich vor allem junge Leute Riesenpizzen rein. *Wellie's (tgl. 9–24 Uhr | Tel. 871 90 23 06 | wellies.rest | €€)* ist der (überteuerte) Treff zur *copa,* also auf einen Drink, mit üppigen Salatellern. Wer Lust auf die Küche von Mallorcas einzigem Zwei-Sterne-Koch Fernando P. Arellano hat, aber nicht so viel Geld dafür ausgeben möchte, besucht sein Bistro 🍴 Baiben *(tgl. 13–15.30 und 18.30–22.30 Uhr | Tel. 971 67 55 47 | baibenrestaurants.com | €€).* Das Drei-Gänge-Mittagsmenü mit den Superbooten sozusagen direkt neben dem Teller ist für 22 Euro zu haben. 🗺 *E8*

DER WESTEN

ATEMBERAUBEND SCHÖN

Touristenhochburgen und Wandereinsamkeit: Der Westen vereint beides. Besonders die Steilküste der Serra de Tramuntana ist landschaftlich der spektakulärste Teil Mallorcas. Wenn du keine Zeit hast, dir die Schönheit dieser Region zu erwandern, solltest du wenigstens ein Stück entlang der Küstenstraße Ma10 fahren. Während der äußerste Südwesten rund um Andratx und Peguera stark zersiedelt ist, verstecken sich in der Steilküste die herrlich unerschlossenen Gebirgsorte Estellencs und Banyalbufar. Lange Serpenti-

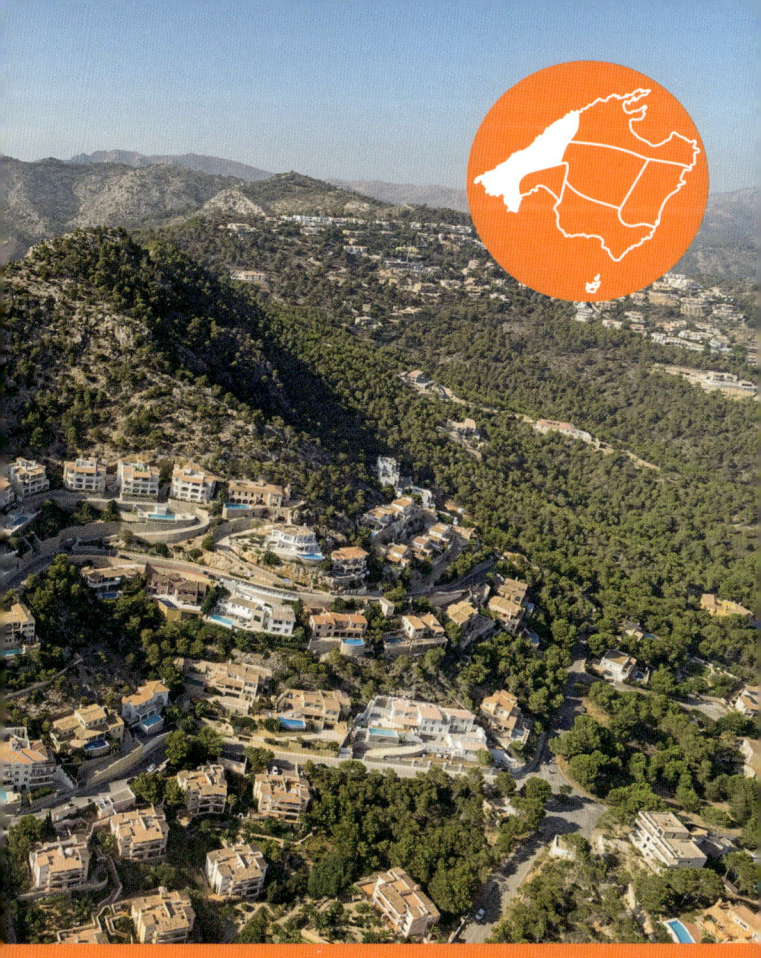

Vogelperspektive auf die Cala Fonoll bei Andratx – hach, Möwe müsste man sein

nenstrecken führen dorthin. Unterwegs tun sich immer wieder überraschende Ausblicke auf alte Wachtürme, Zitronenplantagen,
Olivenhaine und den Terrassenlandbau auf. Und die Sonnenuntergänge dort sind einfach spektakulär.
Auch die häufig besuchten Tramuntana-Orte Valldemossa, Deià und
Sóller haben viel von ihrem ursprünglichen Flair behalten. Und Fornalutx wurde schon mehrmals als schönstes Dorf Spaniens ausgezeichnet.

DER WESTEN

86 km, 2 ¼ Std.

Port d Canor

Strand von Banyalbufar
5 Banyalbufar

5 Estellencs ★

2 Puigpuny

2 Galilea

Sa Dragonera ★

4 Sant Elm

s'Arracó

es Capdellà

● **Andratx**
S. 63

Calvià

Port d'Andratx

Camp de Mar **3**

Cala Fornells

● **Peguera**
S. 61

Ma-1

Palma-nova
S. 60

So Ca

Urbanització Galatzó

Santa Ponça
S. 60

Magalu
S. 6

1 Port Adriano

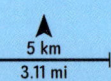

5 km
3.11 mi

M a r
M e d i t e r r à n i a

Cala de sa Calobra
14 Torrent de Pareis ★

Lluc

Port de Sóller
12 Mirador de Ses Barques
11 Fornalutx ★   **13** Embalse de Cúber
Sóller
S. 69
Caimari
10 Lluc Alcari
Son Marroig **9**
Deià   **Tal von Sóller** ★
S. 67
Mancor de la Vall
Selva
6 Ermita de la Trinitat
16 Orient
Biniamar
7 Port de Valldemossa
Lloseta
Inca
Valldemossa
Unterdorf von Valldemossa ★
S. 65
Alaró
15 Bunyola
Binissalem
8 km, 45 Min.
Ma-11
Consell
8 Esporles
Ma-13
Sencelles
50 km, 45 Min.
Santa Maria
del Camí
Cas Canar
Biniali
es Caülls
Es Figueral - Can Farineta
Santa Eugènia
Ses Cases
Noves
Sant Marçal   Pòrtol
Establiments
Ca's Capità
es Pla de na Tesa
Pina
s'Hostalot
Ma-20
Ma-30
Ma-20
Palma
Ma-15
Son Gual
Algaida
Ma-19
E S P A Ñ A
dinat
es Pil·larí
Randa
Platja
de
Palma
Ses Cadenes
Bellavista
Llucmajor

PALMANOVA/ MAGALUF/ STA. PONÇA

(*D8*) **Das riesige Ferienort-Kon-glomerat aus Palmanova, Magaluf und Santa Ponça gehört zu Calvià, das mit seinen 50 000 Einwohnern die zweitgrößte Gemeinde der Insel und zugleich eine der betuch-testen Europas ist.**

Der Reichtum stammt vom Tourismus und aus Steuereinnahmen von gut betuchten Fincabesitzern. Die massiv aneinandergereihten Hotels, Pubs und Snackbars sind eher gesichtslos, die Strände jedoch lang, breit und schön. Wie am deutschen Gegenstück östlich von Palma tobt hier der britische Bär.

ESSEN & TRINKEN

CIRO'S
Großes Speiselokal mit Tradition, Terrasse und Blick aufs Meer. Hier wird gute mediterrane Küche auf den Tisch gebracht. *Tgl. 12–24 Uhr | Passeig del Mar 3 | Palmanova | Tel. 9 71 68 10 52 | restauranteciros.es | €€*

SPORT & SPASS

JUNGLE PARC ☻
Auf dem Baumwipfel-Kletterparcours im Kiefernwald müsst ihr verschiedene Schwierigkeitsgrade meistern. Kinder wie Erwachsene kommen hier auf ihre Kosten. *Tgl. 10–18.30 Uhr | Eintritt ab 14 Euro | Av. del Rei Jaume I 40 | Santa Ponça | jungleparc.es | ⊙ 2 Std.*

KATMANDU PARK ☻
Ein Abenteuerpark für Kinder nach amerikanischem Muster mit Gruselfaktor. Eine der Hauptattraktionen ist das House of Katmandu, ein bunt bemaltes Haus, das kopfsteht und in dem es nicht nur spukt. Die acht meist dunklen Räume sorgen u. a. mit einer Folterkammer oder dem Auftritt des Yeti für Überraschungen. Die Kurzfilme in den 5-D-Kinos sind nichts für zarte Gemüter. Der Park bietet auch Kletterabenteuer. *April–Juni und Mitte Sept.–Nov. tgl. 10–18, Juli–Mitte Sept. tgl. 10–22 Uhr | Mehrtagespass (alle Attraktionen einmal) Erwachsene 27,90 Euro, Kinder 21,90 Euro, Ganztagespass Erwachsene 31,90 Euro, Kinder 25,90 Euro | Av. Pedro Vaquer Ramis 9 | beim Magaluf Park Hotel | Magaluf | katmandupark.com | ⊙ 4–6 Std.*

WESTERN WATER PARK ☻
Den benachbart gelegenen Aquaparc sticht dieser wilde Wasserpark mit einer Westernshow und einigen atemberaubenden Sprungtürmen aus. *Tgl. 10–17, im Hochsommer bis 18 Uhr | Eintritt Erwachsene 30 Euro, Kinder (5–10 Jahre) 21 Euro, Onlinetickets günstiger | Ctra. Cala Figuera a Sa Porrasa | Magaluf | westernpark.com | ⊙ 4–6 Std.*

AUSGEHEN & FEIERN

Das Nachtleben der Orte entspricht dem Hotelangebot zu Dumpingpreisen. Bei jungen Leuten ist die Mega-

Heute mal Lust auf Beats im Megaclub? Magaluf hat das BCM Planet Dance

diskothek *BCM Planet Dance (Mai–Okt. tgl. 22–6 Uhr | Magaluf)* angesagt.

RUND UM STA. PONÇA

▮ PORT ADRIANO
5 km von Autobahnausfahrt Santa Ponça, ausgeschildert, 10 Min. Autofahrt
Stylish in Beton, Glas und Edelstahl beeindruckt der moderne Designhafen mit den teuersten Yachten, Edelrestaurants und -shops. Den Meerblick versperrt leider eine Schutzmauer. Dafür gibt es Megaboote von bis zu 80 m Länge zu bewundern. Dazu coole Events vom Streetfood-Festival bis zum Konzert von José Carreras. *portadriano. com | ᱐ C9*

PEGUERA

(᱐ C8) **Der Badeort Peguera (3900 Ew.) zieht seit jeher Deutsche an. Vielleicht wegen der schönen Wanderrouten und verträumten Bergdörfer in seinem hügeligen Hinterland.**
Peguera hat sehr gewonnen, seit die frühere Durchgangsstraße in eine Fußgängerpromenade, den *Bulevar,* umgewandelt wurde. Hier reihen sich Bars und Restaurants, Boutiquen und Souvenirläden, die vorwiegend auf deutsches Publikum eingestellt sind. Peguera war mal eine Hochburg sogenannter Überwinterer oder Langzeiturlauber. Inzwischen kommen auch junge Aktivurlauber, die sich im größten Tenniscenter der Insel (Austragungsort der *Mallorca Open)* oder auf

Neue Ansichten kannst du im CCA Andratx gewinnen

einem der fünf umliegenden Golfplätze tummeln. Die Strände sind in Anbetracht der vielen Feriengäste recht klein.

ESSEN & TRINKEN

MAR Y MAR
Das Fischrestaurant samt Beachbar am Strand bietet eine große Karte mit Fisch und Meeresfrüchten, Suppen, Snacks und Salaten, dazu Blick aufs Meer und entspannte Atmosphäre. *Tgl. 11–1.30 Uhr | C/ Pinaret 6 | Mobiltel. 6 70 52 86 65 | marymar-mallorca. com | €€–€€€*

AUSGEHEN & FEIERN

DISCOTECA RENDEZVOUS
Lange Theke, gut bestückte Bar und viel Platz zum Tanzen: Der Treffpunkt im Stil der 60er-Jahre fürs reifere Publikum liegt an der Hauptpromenade von Peguera. *Tgl. ab 22–5 Uhr | Facebook: RendezvousPaguera*

RUND UM PEGUERA

2 GALILEA/PUIGPUNYENT
Galilea: 15 km von Peguera, 30 Min. Autofahrt; Puigpunyent 30 km, 45 Min.
Galileas biblischer Name steht für Entrücktheit. Der luftige Terrassenort (290 Ew.) ist idyllischer Zweitwohnsitz vieler Ausländer, die von ihrem Haus bis zum Meer schauen. Gute Pizza und Pasta bekommt man in der von Deutschen betriebenen *Trattoria & Lounge Galilea (tgl. 11–23 Uhr | C/ Capdella 5 | Mobiltel. 6 39 38 37 65 | €€–€€€).* Spanischer und preiswerter geht es auf der Terrasse des Restaurants *Can Andreu (Di–Do 10–21, Fr–So 10–23 Uhr | Tel. 9 71 61 41 87 | Facebook: Ca-n-Andreu-Restaurant | €€)* am Kirchplatz zu.

Nur ungefähr 4 km über einen kleinen Pass hinweg trennen Galilea von *Puigpunyent* (1400 Ew.). Einen der schönen alten Gutsbesitze, die rund um das Dorf angesiedelt sind, hat sein US-amerikanischer Eigentümer in ein pompöses Hotel umgewandelt. Mittendrin liegt das Restaurant *Oleum (tgl. Mai–Sept. 19.30–22.30, Okt.–April 19–22.15 Uhr | Tel. 9 71 14 70 00 | sonnet.es | €€€)* mit einer alten Ölpresse aus dem 17. Jh. – für alle, die schon immer mal neben einem riesigen Mahlstein tafeln wollten. Lustig: das Treehouse für spezielle Events. Dort tafelt man 4 m über der Erde. *D6*

ANDRATX

(ᗑ C7) **Überragt von einer klotzigen Wehrkirche, gerahmt von kiefernbestandenen Hügeln, döst das Landstädtchen Andratx (6300 Ew.) vor sich hin.**
Touristen trifft man hier außer zum Mittwochsmarkt kaum, die meisten ziehen den 5 km entfernten, stark bebauten Hafenort *Port d'Andratx* (3000 Ew.) vor.

SIGHTSEEING

CCA ANDRATX
Auf einer Fläche von 4000 m² zeigt die Kunsthalle Ausstellungen nationaler und internationaler zeitgenössischer Künstler. *März–Okt. Di–Fr 10.30–19, Sa/So bis 16, Nov.–Feb. Di–So 10.30–16 Uhr | Eintritt 8 Euro | etwa 1 km außerhalb Richtung Es Capdellà | C/ Estanyera 2 | ccandratx.com | ⏱ 1 Std.*

STUDIO WEIL
Es ist schon ein architektonischer Hingucker, dieses futuristische Gebäude mit seinen ungewöhnlichen Schrägen und Rundungen am Ende der Hafenstraße in Richtung La Mola, das Stararchitekt Daniel Libeskind für die 2018 verstorbene Malerin und Bildhauerin Barbara Weil errichtet hat. Leider nur noch von außen zu besichtigen. *Camí de Sant Carles 20 | Port d'Andratx*

CALA LLAMP/SA MOLA
Man muss einfach mal so viel (Neu-)Reichtum auf engem Raum gesehen haben! Das hügelige Hinterland zwischen der Halbinsel *Sa Mola* und der Hochküste über der Klippenbucht *Cala Llamp* ist voll mit Luxusvillen.

ESSEN & TRINKEN

Der Hafen Port d'Andratx hat eine der größten Fischereiflotten der Insel. Komm also bloß nicht auf den Gedanken, wegen der (zugegebenermaßen hohen) Preise auf den heimischen Fisch zu verzichten. Im Restaurant *Can Pep (tgl. 12.30–23 Uhr | C/ Mateo Bosch 30a | Tel. 971671648 | restaurantcanpep. com | €€–€€€)*, im *Rocamar (tgl. 12–24 Uhr | Av. Almirante Riera Alemany 27 | Tel. 971671261 | rocamar.eu | €€–€€€)* oder im *Miramar (tgl. 12–15.30 und 19.30–23.30 Uhr | Av. Mateo Bosch 18 | Tel. 971671923 | miramarpuertoan dratx.com | €€–€€€)* rentiert sich die Investition dank Meerblick doppelt.

OLIU
Die Qualität der Oliven, die es als Appetithäppchen gibt, sagt viel über das Gartenrestaurant des jungen Mallorquiners Joan Porcel. Er pflegt alle Details und kocht traumhaft, egal ob Fisch, Gemüse oder Desserts. *Di–So 13–16 und 19–23 Uhr | Ctra. Port d'Andratx 67 | Tel. 971235830 | oliu.es | €€–€€€*

VILLA ITALIA
Die über dem Hafen thronende (Hotel-)Villa beherbergt ein Restaurant und eine Cocktailbar. Mittags gibt's ein Drei-Gänge-Menü zum Fingerlecken für 29 Euro. Die Aussicht von der Terrasse auf den Hafen ist grandios. *Tgl. 12.30–15 und 19–22 Uhr | Camí Sant Carles 13 | Tel. 971674011 | ho telvillaitalia.com | €€–€€€*

Es grünt so grün in Valldemossas Gassen ...

RUND UM ANDRATX

3 CAMP DE MAR

4 km von Andratx, 10 Min. Autofahrt
Eine bewaldete, kurvenreiche Straße mit schönen Ausblicken verbindet Port d'Andratx mit Camp de Mar (250 Ew.), das in den letzten Jahren ausgebaut wurde und zum Nobelort avancierte. Wer Lust auf Golf hat, schlägt auf dem 18-Loch-Platz *Golf de Andratx (Greenfee ab 80 Euro | golfdeandratx.com)* ab. □□ *C8*

4 SANT ELM

8 km von Andratx, 20 Min. Autofahrt
Das Schönste am kleinen Badeort Sant Elm (400 Ew.) westlich von Andratx ist seine Beschaulichkeit – und der Blick auf die vorgelagerte Insel ⭐ *Sa Dragonera*. Im Sommer ist sie von hier aus mit dem *Fährschiff Margarita (Mo–Sa*

Feb.–Okt. ab 9.45, letzte Rückfahrt Feb.–März, Okt. 15 Uhr, April–Sept. 16.50 Uhr | Kosten 13 Euro | Mobiltel. 639617545 | crucerosmargarita.com) in etwa 20 Minuten zu erreichen. Auf der 4,2 km langen, bis zu 1 km breiten und streng naturgeschützten „Dracheninsel" mit Naturmuseum und Wanderwegen leben Eidechsen, die nur hier zu finden sind, und viele Vogelarten.
Gleich drei Wanderwege führen von Sant Elm aus zur Klosterruine *Sa Trapa* (mit Schutzhütte und unter Obhut der Umweltschutzorganisation GOB).
Über dem alten Hafen kannst du im gemütlichen Terrassenlokal *Na Caragola (tgl. 9.30–23 Uhr | Tel. 971239006 | restaurantenacaragola.com | €€)* gut mediterran essen. □□ *A–B7*

5 BANYALBUFAR/ESTELLENCS ⭐

Banyabulfar 25 km von Andratx, 40 Min. Autofahrt; Estellencs 18 km von Andratx entfernt, 30 Min. Fahrt

Die beiden Dörfer arabischen Ursprungs klammern sich hoch über dem Meer an den Berg. Sie liegen an der kurvigen Küstenstraße Ma10 auf romantischen Terrassen aus maurischer Zeit und sind am besten zu Fuß treppauf, treppab zu erkunden.

Banyalbufar hat nur 500 Einwohner, aber mehrere Restaurants und Bars, die du beim Bummel durch den oberen Teil des Dorfs entdecken kannst. Klassiker sind das *Son Tomás (Mi–Mo 12.30–15.30 und 19.30–21.45 Uhr | Tel. 971 61 81 49 | €€)* und das Restaurant *1661 Cuina de Banyalbufar (tgl. 10–24 Uhr | Tel. 971 61 82 45 | €€).* Schön lauschig ist auch das 500-Einwohner-Dorf *Estellencs*.

Beide Orte haben Strandbuchten mit kleinen Wasserfällen als Naturduschen (ausgeschildert). Der 🏖 *Strand von Banyalbufar* ist steinig, aber höchst romantisch! *D5–6*

VALLDE-MOSSA

(E5) **Wenn du dich aus Richtung Palma kommend die Kurven hinaufschlängelst, wird es dir die Sprache verschlagen, so zauberhaft zeigt sich das Bergdorf Valldemossa (1950 Ew.) besonders zur Zeit der Mandelblüte.**
König Jaume II. ließ hier einen Sommerpalast errichten, der von seinem Sohn Sancho I. ausgebaut wurde. Noch heute faszinieren die schmalen Häuser mit blühenden Gärten, gekrönt von Pfarrkirche und Kartäuserkloster.

REAL CARTUJA

Mehr als 300 000 Touristen schieben sich jährlich durch die Kartause auf Spurensuche nach Frédéric Chopin und George Sand, die hier nasskalte sechs Wochen des Winters 1838/39 verbrachten.  ==Komm vor halb elf oder ab 16 Uhr, dann ist es ruhiger.== Die ursprüngliche königliche Residenz war von 1399 bis 1835 ein Kartäuserkloster. Der heutige Bau stammt aus dem 18. Jh. Sehr sehenswert sind die alte Klosterapotheke sowie die Ausstellung zu Erzherzog Ludwig Salvator mit Stücken aus seinem Nachlass und vielen Infos zum Leben des großen Mallorca-Liebhabers. Verpasse auch nicht den *Palau de Rei Sanxo* mit kostbarem Mobiliar und kleinem Klavierkonzert. *Feb.–Okt. Mo–Sa 10–16.30 Uhr, Nov.–Jan. geschl. | Eintritt 9,50 Euro | cartujadevalldemossa. com | 🕐 1½–2 Std.*

FUNDACIÓ CULTURAL COLL BARDOLET 🐷

Zauberhaft sind vor allem die Gemälde mit Tanzmotiven von Coll Bardolet, der bis 2007 in Valldemossa gelebt und einen Teil seines Werks der nach ihm benannten Kulturstiftung vermacht hat. An der Hauptstraße hat die Stiftung ein würdiges Heim gefunden. *April–Okt. Mo–Fr 10–19, Sa 10–14 und 16–19 Uhr, So 10–20, Nov.–März Di–Sa 10–16, So 10–14 und 15–18 Uhr | Eintritt frei | C/ Blanquerna 4 | fccollbardolet.org | 🕐 40 Min.*

VALLDEMOSSA

Carrer Oliveres
Carrer es Còs
Carrer Joan Mir
Carrer Joan Miró
Avinguda de Palma
Carrer de na Mas
Carrer Son Gual
Carrer Lluís Vives
Carrer del Rei Sanxo
Carrer del Pare Francesc Frau
Carrer Rosa
Carrer de ses Filoses
Carrer dels Donants de Sang
Camí de Sa Coma

Fundació Cultural Coll Bardolet
V. d. Blanquerna
Ca'n Molinas
Real Cartuja
Unterdorf von Valldemossa ★

100 m
109 yd

UNTERDORF VON VALLDEMOSSA ★

Kein anderes Inseldorf ist so mit Blumen geschmückt wie das Unterdorf von Valldemossa mit seiner gotischen Pfarrkirche Sant Bartomeu. Die Kachelbilder an jedem Haus zeigen Szenen aus dem Leben der Heiligen Catalina, geboren im Carrer Rectoría. Der einstigen Magd Catalina Tomàs (1531–74) wurde neben der Pfarrkirche ein liebenswertes Denkmal gesetzt. Ihretwegen fahren Mallorquiner meilenweit – und wegen der *cocas de patata*: Die Kartoffelkrapfen gibt es hier in jeder Bäckerei.

ESSEN & TRINKEN

CA'N MOLINAS

Fast 100 Jahre alt ist sie, die Bäckerei mit ihrem zauberhaften Garten.

Unter den Bäumen schmeckt der *café con leche* noch mal so gut, besonders wenn man ein paar der köstlichen Mandelplätzchen dazu knabbert oder natürlich eine *coca de patata*. Tgl. 9–19.30 Uhr | C/ Blanquerna 15 | can molinas.com | €

INSIDER-TIPP
Grüne Oase zum nie mehr Weggehen

RUND UM VALLDE-MOSSA

⑥ ERMITA DE LA TRINITAT ⚑
3 km von Valldemossa, 5 Min. Autofahrt

Die winzige Einsiedelei, die 1648 gegründet wurde, wartet mit einem grandiosen Meerblick auf. Noch heute wohnen hier Eremiten, die nach den Regeln der Heiligen Paulus und Antonius leben. Das Auto lässt du besser unten am Parkplatz stehen und läufst die enge und kurvige, aber romantische Straße zu Fuß (ungefähr 20 Min.). *Etwa 3 km nördl. an der Straße nach Deià, enge Auffahrt gegenüber dem Restaurant Can Costa | ⏱ 30 Min. | 🗺 E5*

7 PORT DE VALLDEMOSSA

8 km von Valldemossa,
20 Min. Autofahrt

Winzig und romantisch ist die kieselige Bade- und Hafenbucht, die du nach 8 km langer, schwieriger Serpentinenkurverei von Valldemossa aus erreichst *(ausgeschilderter Abzweig von der Ma10).* Wer einen großen Leihwagen fährt und sich unsicher fühlt, sollte diesen (einzigen) Zufahrtsweg meiden! Im schön restaurierten Hafen kannst du im *Es Port (tgl. 10–21.30 Uhr | C/ Ponent 5 | Tel. 971616194 | restaurantesport.es | €€)* einkehren. 🗺 E5

8 ESPORLES

15 km von Valldemossa,
20 Min. Autofahrt

Das lang gestreckte Dorf Esporles (4940 Ew.) mit seinem 🚩 lebendigen Dorfplatz liegt in einem fruchtbaren, immergrünen Tal südwestlich von Valldemossa. Der Gutshof *La Granja (tgl. 10–19 Uhr, im Winter evtl. geänderte Öffnungszeiten | Eintritt 15 Euro inkl. Verkostung | Tel. 971610032 | lagranja.net | ⏱ 2–2½ Std.)* etwa 1,5 km nördlich von Esporles stammt

aus römisch-arabischer Zeit. Seit den 1970ern ist es ein Freilichtmuseum mit Handwerkerstuben und herrschaftlichen Salons. Die Folterkammer sorgt für Gänsehaut. Mittwochs und freitags werden regionale Tänze und eine Pferdeshow aufgeführt. 🗺 E6

DEIÀ

(🗺 F4) **Von den 640 gemeldeten Einwohnern des bildschönen Bergdorfs sind mehr als die Hälfte Ausländer. Während Deià in den 1920er-Jahren die Künstler anzog, sind es heute wohlhabende Fincabesitzer.**

Entsprechend aufwendig geben sich Hotellerie und Gastro. Im Sommer drängen sich Bus- und Autokolonnen durch die enge Durchgangsstraße, und am romantischen Kiesstrand der *Cala de Deià* gibt es viel zu viele Badegäste.

SIGHTSEEING

KIRCHBERG

Verwunschene Gassen und Treppen führen hinauf zu Kirche und Friedhof mit Weitblick. Unter anderen Künstlern ruht hier der britische Schriftsteller Robert Ranke-Graves (1895–1985). Seine fiktive Romanbiografie „Ich, Claudius, Kaiser und Gott" entstand in Deià, wo er über 40 Jahre lang lebte. Ihm ist auch das kleine Museum *Ca n'Alluny (April–Okt. Mo–Fr 10–16.20, Sa 10–14.20, Nov.–März Mo–Fr 9–16, Sa 9–14, Öffnungszeiten können im Winter abweichen, s. Website | Eintritt 7 Euro | lacasaderobertgraves.org | ⏱ 1 Std.)* gewidmet.

ESSEN & TRINKEN

ES RACÓ D'ES TEIX

Wer sich ein sechsgängiges Menü für 115 Euro von Küchenzauberer Josef Sauerschell leistet, speist wie ein Kaiser über den Dächern von Deià. *Di–So 13–15 und 19.30–22.30 Uhr | C/ de sa Vinya Vella 6 | Tel. 9 71 63 95 01 | esracodesteix.es | €€€*

LA RESIDENCIA

Umrahmt von Blütenkaskaden, mit Traumblick auf den Kirchberg, bietet das einstige Herrenhaus (heute ein Hotel) das Gourmetrestaurant *El Olivo*. Im Sommer genießt du hier im Patio unterm Sternenhimmel.

INSIDER-TIPP
Picknick mit Grauohr

Und auch die Picknickausflüge mit den hauseigenen Eseln namens Pancho, Alma oder Gipsy sind der Hit. Sie tragen Lasttier-like die Körbe mit mallorquinischen Leckereien (Käse, Wein, Oliven ...) in die Berge. *El Olivo*

tgl. 7.30–22.30 Uhr | Tel. 9 71 63 60 46 | hotel-laresidencia.com | €€€

AUSGEHEN & FEIERN

Touristen, Schickeria, Künstler: Man trifft sich in der besten Bar von Deià, dem *Café sa Fonda (tgl. 10–1 Uhr | C/ Arxiduc Luís Salvador 3)*. Oft ist auch ein Enkel von Robert Graves da, er ist Mitveranstalter des ökologischen Kulturfestivals *Posidonia (posidoniamallorca.org)*, das mit Kunst, Musik und Film an die frühere kulturelle Tradition anknüpft.

RUND UM DEIÀ

9 SON MARROIG
3,5 km von Deià, 10 Min. Autofahrt

Einsteigen, rausgucken: Eine Straßenbahnfahrt durch Sóller macht Urlaubslaune

Der einstige Altersruhesitz des Erzherzogs Ludwig Salvator ist heute ein Museum. Schon der idyllische Garten lohnt den Besuch. Mit Erlaubnis des Pförtners darfst du den Privatweg hinunter zur Halbinsel *Sa Foradada* benutzen, wo der Erzherzog 1867 mit seiner Yacht ankerte und erstmals mallorquinischen Boden betrat. Im Sommer ist das *Restaurant (Tel. 971636084 | €–€€)* im Mirador von 13 bis 22 Uhr geöffnet (im Winter Öffnungszeiten erfragen). Hier unbedingt die auf dem Holzfeuer zubereitete Paella bestellen. Sie ist – wie die Aussicht – eine Wucht! *Mo–Sa April–Okt. 9.30–18, Nov.–März 9–17 Uhr | Eintritt 4 Euro | Ma10, bei km 65,5 | ⏱ 1½–2 Std. | ▥ E4*

INSIDER-TIPP
Paella mit Weitblick

🔟 LLUC ALCARI
3 km von Deià, 10 Min. Autofahrt
Das viel fotografierte Natursteindorf über dem Meer hat nur 13 Einwohner. Es gibt ein paar Dorfhäuser, Wachtürme und ein Hotel – einfach ein Stück ursprüngliches Mallorca. Im Restaurant *Bens d'Avall (Di–So 13–15 und Mi–Sa 19–22 Uhr | Tel. 971632381 | bensdavall.com | €€€)* mit feinster mediterraner Küche genießt du auf einer Traumterrasse über dem Meer. Du erreichst es nach 6 km kurvenreicher Fahrt (ausgeschildert) Richtung Sóller. *▥ F4*

SÓLLER

(▥ G4) **Mehr als 100 Jahre alt ist die nostalgische Schmalspurbahn aus dem Hause Siemens, die**

Sóller (14 000 Ew.) mit der Inselhauptstadt verbindet.
Die 50-minütige Fahrt mit dem 🚞 *Ferrocarril de Sóller (hin und zurück 25 Euro, Kinder 3–6 Jahre 12,50 Euro | trendesoller.com)* durch 13 Tunnel ins ⭐ *Tal von Sóller* ist besonders schön von Oktober bis Mai, wenn die Zitrusfrüchte reifen. Mächtige Tausendergipfel geben den unzähligen Orangen- und Zitronenbäumen im Talkessel Schutz und eröffnen Wanderern viele interessante Bergpfade mit atemberaubenden Blicken auf Sóller mit seinen eleganten Jugendstilhäusern in den Gassen und am hübschen Markt. Eine schöne Strecke ist die Rundtour Sóller–Fornalutx–Biniaraix–Sóller.
Die ebenfalls nostalgische Straßenbahn *(Fahrkarte 7 Euro)* mit offenen Waggons verbindet das Städtchen mit dem 5 km entfernten Hafen, der seit einigen Jahren ein neues Gesicht zeigt. Autofahrer erreichen den Ort mittlerweile gratis durch einen Straßentunnel oder die enge Serpentinenstraße über den Tunnelberg. Das ist zwar eine ziemliche Kurverei, dafür aber ursprünglich und sehr romantisch.

SIGHTSEEING

JARDÍ BOTÀNIC DE SÓLLER
Der Garten Eden liegt am Ortsrand von Sóller: Hier werden Pflanzen von der Insel, aus dem Mittelmeerraum und von den Kanaren gezüchtet, gezeigt und erklärt. *Mo–Sa März–Okt. 10–18, Nov.–Feb. 10–14 Uhr | Eintritt 8 Euro | Landstr. Palma–Port de Sóller, bei km 30,5 | jardibotanicdesoller.org | ⏱ 1½ Std.*

ÖLMÜHLEN

Für das besonders naturreine ⚑ *Oli de Mallorca* dürfen nur drei bestimmte Olivensorten verwendet werden. Die um Sóller geernteten Oliven zählen dabei zu den besten der Insel. Der Ort hat zwei *tafonas* (Ölmühlen), die du besichtigen kannst: Eine gehört zur *Cooperativa Agrícola San Bartolomeu (Carretera de Fornalutx 8)* an der Straße von Sóller nach Fornalutx, sie produziert das *Oli d'Oliva Verge*. Das zugehörige Besucherzentrum *Capvespre (Mo-Fr 9-14 Uhr | centrecapvespre.com)* bietet gastronomische Souvenirs und mehrsprachige Führungen zu Oliven- und Orangenbauern im Tal. Die zweite Ölmühle im Ort heißt *La Almazara de Can Det (Carrer d'Ozones 8 | candet.es)*.

ECOVINYASSA

Auf der malerisch gelegenen Biofinca wachsen über 2500 Zitrusbäume. Beim Rundgang erfährst du auf Schautafeln viel über Orangen und Zitronen, am Ende gibt's einen frischen O-Saft und ein *pa amb oli. Mo, Mi, Fr 10-14 Uhr, Nov.- Anfang Feb. geschl. | Eintritt 12 Euro (Reservierung erforderl.) | Ctra. Fornalutx- Sóller | Mobiltel. 6 15 17 27 59 | ecovinyassa.com | ⏱ 1½ Std.*

ESSEN & TRINKEN

Die Qualität der Restaurants am Hafenboulevard ist unterschiedlich, die Preise sind oft überteuert. Wenn du trotzdem bei Meerblick essen möchtest, geh ins *Sa Barca (tgl. 12-22.30 Uhr, Nov.-Feb. geschl. | Passeig Es Través 19 | Tel. 9 71 63 99 43 | sabarcasoller.com | €€-€€€)* und probier das Carpaccio mit

Gambas aus Sóller. Oder du steuerst das *Randemar (tgl. 12.30-24 Uhr, Nov.- Anfang März geschl. | Passeig Es Través 16 | Tel. 9 71 63 45 78 | €€-€€€)* an.

AGAPANTO

Direkt am Wasser an der Platja d'en Repic schmaust du fein bei der warmherzigen Gastgeberin Ana Maria Sturm. Lecker: das mallorquinische Lammkarree mit Kräutern. *Do-Di 12-24 Uhr | Camino del Faro 2 | Port de Sóller | Tel. 9 71 63 38 60 | agapanto.com | €€*

SA FÀBRICA DE GELATS

Inselberühmte Eiscreme-Manufaktur mit über 40 Sorten und einem hübschen Patio. *Gegenüber der Markthalle*

JUMEIRAH

Einmal so richtig im Luxus baden, wenigstens für einen Drink: Das kannst du in dem Fünf-Sterne-Hotel, das wie ein Adlerhorst an den Hafenklippen klebt. Einfach an die Bar in der *Sunset Sushi Lounge* mit Panoramafenster stellen und den Sonnenuntergang beim Cocktail genießen. *Mi-So 17-1 Uhr | C/ Bélgica | Port de Sóller | Tel. 9 71 63 78 88 | jumeirah.com | €€€*

INSIDER-TIPP
Sundowner auf die noble Tour

SA TEULERA

Hier isst du echt mallorquinisch und zu fairen Preisen – egal, ob du dich z. B. für das Spanferkel oder das Tagesmenü entscheidest. Das Sa Teulera ist renoviert und trotzdem rustikal. *Tgl. 10-22 Uhr | Ctra. Sóller-Puig Major | 2,5 km von Sóller Richtung Fornalutx | Tel. 9 71 63 11 11 | sateulera.es | €-€€*

SÓLLER

Ecovinyassa

Cooperativa Agrícola
San Bartolomeu

Jumeirah

La Almazara de Can Det
C. d'Ozones

C. de sa Mar

Sa Teulera

Gran Via

Agapanto

Sa Fàbrica
de Gelats

Jardí Botànic
de Sóller

Desviament

C. Isabel II

Carretera de

Camí de sa Coma

Ma-11

500 m
547 yd

Tal von Sóller ★

SHOPPEN

In der schmalen Einkaufsstraße *C/ de
sa Lluna* führen gut sortierte Einzel-
händler Lederwaren *(Nr. 46),* Schuhe
(Nr. 74), Kunsthandwerk samt
Schmuck und Taschen aus Sóller
(Nr. 43) oder leckeres Gebäck *(Nr. 95).*
Bei *Colmado La Luna
(Nr. 3)* unbedingt was
von dem umwerfen-
den Sóller-Chutney
aus Zitrone, Orange oder Aubergine
für 6 Euro mitnehmen!

INSIDER-TIPP
**Souvenir,
Souvenir!**

RUND UM SÓLLER

11 FORNALUTX ★

4 km von Sóller, 15 Min. Autofahrt
Oberhalb von Sóller liegt das schon
mehrmals als schönstes Dorf Mallorcas
ausgezeichnete Fornalutx (660 Ew.).
Streife durch seine blütenreichen Trep-
pengassen mit ihren ockerfarbenen
Bruchsteinhäusern, und genieß am
kleinen Marktplatz einen frisch

gepressten Orangensaft. Was es bloß mit den rätselhaft bemalten Dachziegeln im Ort auf sich hat? Nach dem Besuch im 🔭 *Can Xoroi (Fr/Sa 10.30–13.30 Uhr | Eintritt frei | C/ de sa Font 8 | canxoroi.com | ⏱ 40 Min.)* weißt du Bescheid. In dem Heimatmuseum in der alten Ölmühle erfährst du mehr über diese und andere Eigenheiten und Traditionen des Dorfs.

Im Restaurant *La Cuina d'en Marc (Di–So 12.30–15 und 19.30–22.30 Uhr | C/ Arbona Colom 6 | Tel. 9 71 63 98 64 | lacuinadenmarc.com | €€)* zaubert der junge, kreative Koch Marc Martínez

So schön kann Treppensteigen sein: Fornalutx

mit regionalen Produkten tolle Gerichte auf den Teller. 📖 *G4*

12 MIRADOR DE SES BARQUES

8 km von Sóller, 15 Min. Autofahrt
Von dem Aussichtspunkt oberhalb des Orts hast du einen herrlichen Blick auf Port de Sóller, und im *Restaurant (Di–Sa 10–16 und 19–22.30, So 10–18 Uhr | Tel. 9 71 63 07 92 | €€)* gibt's leckeres Spanferkel. Auf einem schönen, aber anstrengenden Wanderweg kannst du in ungefähr vier Stunden vom Mirador de ses Barques zur *Cala Tuent* laufen, wo du den Sprung ins tiefblaue Wasser wagen solltest. 📖 *G4*

13 EMBALSE DE CÚBER

19 km von Sóller, 30 Min. Autofahrt
Zusammen mit dem benachbarten *Embalse de Gorg Blau* versorgt der Stausee unterhalb des Puig Major die Stadt Palma mit Trinkwasser. Mit Glück kreisen dort die Geier über dir: die majestätischen, streng geschützten Mönchsgeier, die größten Vögel Europas. Flügelspannweite bis zu 2,95 m! 📖 *G–H4*

14 TORRENT DE PAREIS ⭐

36 km von Soller, 1 Std. Autofahrt
Der Weg zur Mündung des Torrent de Pareis ist schon fast das Ziel. Eine 14 km lange, abenteuerliche Serpentinenstraße führt durch enge Felstore und eröffnet tolle Meerblicke; die einstündige Bootsfahrt von Port de Sóller aus geht vorbei an gigantischen Felskulissen. Die schwere Kletterpartie von Escorca durch den 4 km langen Canyon des Torrent de Pareis ist ein waghalsiges Abenteuer und nur etwas für trainierte Wanderer. Sie endet nach vier bis sechs Stunden in

der Geröllmündung des Wildbachs, die von *Sa Calobra* aus durch zwei Fußgängertunnel erreichbar ist. Ein geradezu himmelhohes Felsentor öffnet den Blick über einen Kiesstrand zum Meer mit dem Felsenmeer des Canyons im Rücken. Viel Rummel herrscht auf dem Parkplatz und in den Restaurants. Nehmt euch einen Picknickkorb mit an den Strand *Cala de sa Calobra.*

INSIDER-TIPP
Da geht dir das Herz auf

Ganz früh am Morgen und nach 17 Uhr (im Sommer) ist Landschaft gucken und Baden zwischen schroffen Felsen ein Genuss. *H3*

15 BUNYOLA

10 km von Sóller, 15 Min. Autofahrt

Dorfidylle ohne viele Sehenswürdigkeiten – das ist Bunyola (6640 Ew.). Lebendiges Zentrum des Orts ist der Dorfplatz. Hier bekommst du bei *Els Fogons de Plaça (Di–Sa 9–16 Uhr | neben dem Rathaus | Tel. 9 71 14 84 92)* leckeres Essen zum Mitnehmen. Im Bioladen *Herbes i Paraules (Mo–Sa 10–13.30 und 17–20 Uhr | C/ Sant Mateu 4 | Tel. 9 71 14 83 16 | herbesiparaules.com)* nahe dem Kirchplatz berät dich die Schwäbin Marion Hässler zu Biomandeln, Wein und Honig. Auf Vorbestellung gibt es hier auch einheimisches Obst und Gemüse.

Am Kreisel vor dem Tunnel in Richtung Sóller zweigt eine Serpentinenstraße ab, die nach etwa 15 Min. Fahrt durch Oliven- und Mandelhaine bis auf den Bergpass führt, wo Anette Sommer und Frank Beck nachmittags im Restaurant *Dalt des Coll (Mi–So 11–17 Uhr, abends ab 15 Pers. nach Reservierung | Ctra. Palma–Sóller, bei km 22 | Tel.*

9 71 61 53 80 | €€) fast immer ofenfrischen Mandelkuchen servieren. An der Landstraße nach Sóller liegt die schöne arabische Parkanlage *Jardines d'Alfabia (März–Okt. tgl. 9.30–18.30, letzter Einlass 17.30 Uhr, Nov.–Feb. geschl. | Eintritt 7,50 Euro | an der Ma11 bei km 17 | jardinesdealfabia.com | 1½ Std.).* Das Landgut *Raixa (Di–Sa 10–15 Uhr | Eintritt frei | Ma11, bei km 12 | 1½ Std.)* ist vom Inselrat restauriert und für Besucher geöffnet worden. Die riesigen Gartenanlagen und Gebäude gestaltete zuletzt Kardinal Antonio Despuig im 18./19. Jh. In einer Ausstellung erfährst du dort Näheres über das Welterbe Tramuntanagebirge. *F5*

16 ORIENT

25 km von Sóller, 1 Std. Autofahrt

Inmitten von Apfelbäumen liegt das abgelegene Bilderbuchdorf Orient. Es hat nur rund 30 Einwohner und dient vor allem als Zweitwohnsitz. Wer Hunger hat, kehrt ein im ehemaligen Kloster *L'Hermitage (tgl. 19.30–22.30 Uhr, Nov.–Anfang März geschl. | Tel. 9 71 18 03 03 | hermitage-hotel.com | €€€),* es ist heute ein Landhotel mit feinem Restaurant.

Mallorca hat einen besonderen Schatz: mehr als 1250 alte Landgüter, die zu den größten Besitztümern der Insel zählen. Einige Besitzer öffnen ihre privaten Anwesen für Besucher. So kannst du z. B. auf dem *Gut Comassema (Führung 25 Euro pro Pers., inkl. kleinem Snack | Infos und Anmeldung unter itinerem.com | 2½–3 Std.)* im Tal von Orient hautnah erleben, wie die Noblesse im 16. Jh. gelebt hat und wie auf den Herrensitzen gearbeitet wurde. Die Führungen finden auch auf Deutsch statt. *G5*

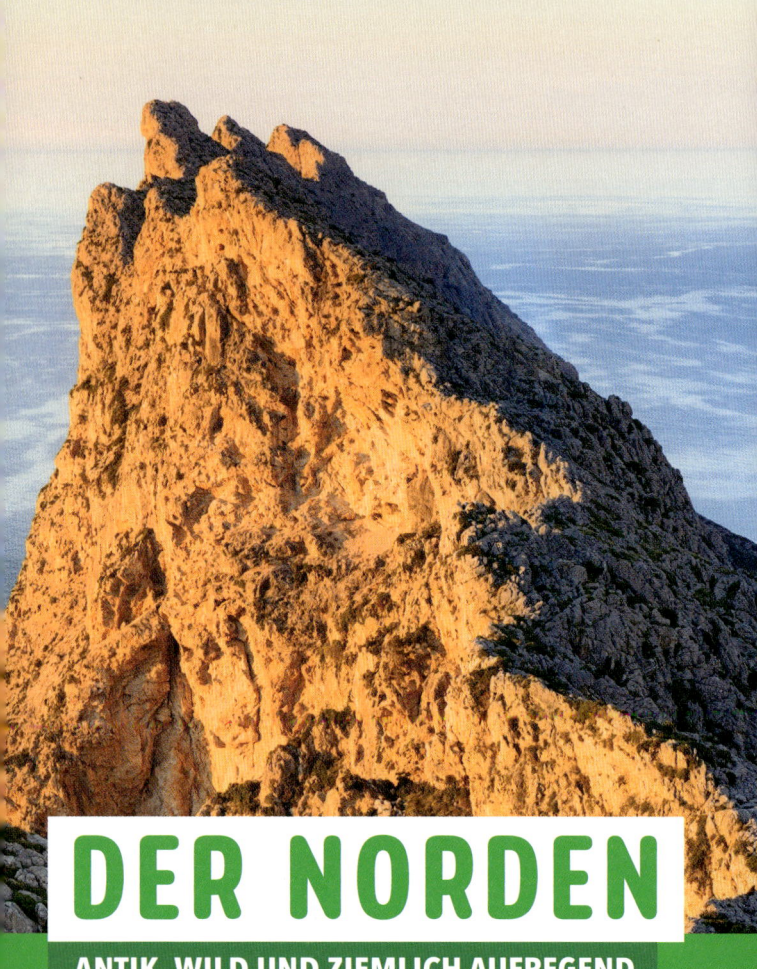

DER NORDEN

ANTIK, WILD UND ZIEMLICH AUFREGEND

Alte Römerstädte, überraschende Landschaften und ein fast unberührtes Naturparadies – selbst eingefleischten Mallorcakennern verschlägt es immer wieder den Atem, wenn sie die nördlichste Spitze der Insel, das Kap Formentor, besuchen. So spannend ist das wechselnde Spiel von Licht und Farben auf dieser weitgehend naturbelassenen Halbinsel, so verblüffend die Landschaft rund um das Kloster Lluc, das sich hoch in der Serra de Tramuntana versteckt.

Viel Licht und viel Schatten: Kap Formentor

Hinter jeder Kurve erwarten dich beeindruckende Panoramen aus schroffen Felswänden, Finca-Oasen und tiefblauem Meer. Hier kommen nicht nur Wanderer und Radsportler auf ihre Kosten. Die Vergangenheit der Mittelmeerinsel ist in den antiken Römerstädten und mittelalterlichen Ritterburgen dieser Gegend noch immer besonders präsent. In den Urlauberhochburgen rund um die Buchten von Alcúdia und Cala Rajada pulsiert derweil das moderne, das touristische Leben.

Mar

Mediterrània

Halbinsel Formentor ★ 15

16 Cala Sant Vicenç

Port de
Pollença

Pollença
S. 89

Mal Pas

Halbinsel La Victoria ★ 14

Alcúdia
S. 85

13 Museo Sa E
Fundación

Platja d'Alcúdia

17 km, 1 Std

17 Santuari de Lluc ★

Son Toni
Crestatx

Platja de Muro

40 km, 1¼ Std.

9 S'Albufera ★

Black Vulture
Conservation Foundation
(BVCF)

Caimari

Campanet 11

10

12 Sa Pobla

Can Picafo
S.

Moscari

Búger

Son
Bauló

6

Mancor
de la Vall

Selva

Ma-13

21 km, 1 Std.

So

Biniamar

Ma

Inca

Muro
S. 84

56 km, 1 St

Llubí

ESPAÑA

Santa
Margalida

Maria de la Salut

Costitx

Sencelles

Ariany

Sineu

Cas Canar

Ruberts

Lloret de Vistalegre

Petra

MARCO POLO HIGHLIGHTS

⭐ **CAPDEPERA**
Ritterburg wie aus dem Bilderbuch. Da meint man fast, noch das Kampfgeschrei der Piratenangriffe zu hören ➤ S. 79

⭐ **ES ARENAL**
Baden, Muscheln suchen und spazieren: Der Dünenstrand bei Son Serra de Marina ist noch erstaunlich ruhig ➤ S. 83

⭐ **S'ALBUFERA**
Hier entdeckst du Mallorcas ursprüngliche Landschaft: mit dem Rad durch die Schilf-, Orchideen- und Vogelwelt des Naturschutzparks ➤ S. 84

⭐ **HALBINSEL LA VICTORIA**
Hübsche Villenorte, romantische Buchten und eine schöne Wanderung zur Penja Rotja mit Traum-Ausblicken ➤ S. 89

⭐ **HALBINSEL FORMENTOR**
Panoramaaussicht und Sonnenuntergang am Fuß des Talaia d'Albercutx ➤ S. 92

⭐ **SANTUARI DE LLUC**
Mächtige Gemäuer, schroffe Felsen und Eukalyptusduft an Mallorcas wichtigstem Wallfahrtsort ➤ S. 93

Jakober

adia d'Alcúdia

Es Arenal ⭐ · Colònia de Sant Pere
Cala Mitjana 4 · 4 Cala Torta
Cala Mesquida
7 · Serra Marina · S'Estanyol · 8 · 5 Ermita de Betlem
Montferrutx

Cala Gat
cala Agulla

Cala Rajada
S. 78

Capdepera ⭐ 1 · Sa Pedruscada

Artà
S. 80

Canyamel 2 · 3 Tropfsteinhöhle Coves D'Artá

Son Jordi · Costa dels Pins

Ma-15

Port Nou

Sant Llorenç des Cardassar · Son Servera · Cala Bona

5 km
3.11 mi

CALA RAJADA

(Ⅲ Q5) **Der malerische Hafen von Cala Rajada und seine Fischer haben den Tourismusboom gut überstanden, den dieser größte Ferienort des Nordostens seit den 1960ern erlebt.** Auf die rund 6800 Einwohner der Ortschaft mit der bildschönen Uferpromenade kommen ca. 14 000 Gästebetten.

SIGHTSEEING

SA TORRE CEGA

Verwüstet nach einem schweren Unwetter, war der 60 000 m² große Garten der Familie March über dem Hafen jahrelang geschlossen. Inzwischen können die Skulpturen, Gartenanlagen und die Ausstellung im Landhaus wieder besucht werden. *Geführte Rundgänge März–Nov. Mi, Fr, Sa 11 und 12.30 Uhr, Dez.–Feb. nach Rücksprache | nur nach Voranmeldung bei Martina: Mobiltel. 6 89 02 73 53, promocio@ajcapdepera. net | Eintritt 4,50 Euro | C/ Juan March 2 | fundacionbmarch.es | ⏱ 1½–2 Std.*

ESSEN & TRINKEN

Seafood-Fans pilgern zum Hafen von Cala Rajada. <mark>Dort gibt es tolle Fischrestaurants, die täglich bei den Fischern im Ort einkaufen,</mark> z. B. das *Ses Ancores (Do–Di 12–15.30 und tgl. 18–23 Uhr | C/ Leonor Servera 83 | Tel. 9 71 56 58 48 | €€–€€€)* oder das *Oleo's (Di–So 12–15.30 und 18.30–23 Uhr | Via Mallorca 2 | Tel. 9 71 56 47 15 | Facebook: tonymolipe |*

INSIDER-TIPP
Das Beste aus dem Meer

€€–€€€). Frag unbedingt nach den Preisen, frischer Fisch ist teuer.

STRÄNDE

Cala Rajada, die Rochenbucht, besteht eigentlich aus einer ganzen Reihe felsengesäumter *calas.* Breit und feinsandig präsentiert sich die *Cala Agulla,* klein und im Sommer überlaufen ist der Strand von *Son Moll,* sportiv der Strand *Cala de Sa Font,* winzig und hübsch die ⭐ *Cala Gat:* eine Mini-Bucht mit Felsen und Kiefern für Schattenanbeter. Eine 6 km lange, einfache Küstenwanderung von der Cala Gat zur Cala Agulla führt am Hafen vorbei und zum Leuchtturm. Dort wirst du an klaren Tagen mit dem Blick auf Menorca belohnt. An Schönheit vergleichbar mit der kiefern-

gesäumten Cala Agulla ist die 10 km entfernte *Cala Mesquida.*

AUSGEHEN & FEIERN

Größtes Tanzlokal in Cala Rajada ist das zentrale *Bolero.* Trendig: die Open-Air-Bar *Chocolate,* die Disco *Physical* und die Traditionsbar *Casa Nova,* in die auch gern Promigäste gehen.

RUND UM CALA RAJADA

1 CAPDEPERA ⭐
3 km von Cala Rajada,
10 Min. Autofahrt

Das Städtchen (11 300 Ew.) wird gekrönt von einer *Burg (tgl. 10–20, Nov.–März 10–17 Uhr | Eintritt 3 Euro, mit Sommerkonzert im Juli/Aug. 8 Euro | castellcapdepera.com | ⏱ 1½–2 Std.),* der am besten erhaltenen und größten auf der Insel. Die begehbaren Verteidigungsmauern umrahmten im 14. Jh. das damalige Capdepera, die Kirche, Bürgerhäuser und die Soldatenquartiere. An klaren Tagen kannst du die nur 75 km entfernte Nachbarinsel Menorca sehen. 🗺 *Q5*

2 CANYAMEL
8 km von Cala Rajada,
10 Min. Autofahrt

Die kleine Siedlung südlich von Cala Rajada hat einen etwa 300 m breiten, feinsandigen Strand mit schilfbewachsener Lagune. Hier liegt der Platz des

Hörst du es? Das Meer ruft! Ab an die Cala Agulla

Canyamel Golf Club (Greenfee 83–105 Euro | Tel. 9 71 84 13 13 | canyamelgolf.com), mit 18 Löchern zählt er zu den schwierigen. Das rustikale Lokal Porxada de Sa Torre (Di–So 13–15.30 und tgl. 19–23 Uhr, Mitte Nov.–Ende Feb. geschl. | Tel. 9 71 84 13 10 | torredecanyamel.com | €€) in einem alten Wehrturm an der Straße nach Artà ist bekannt für seine köstlichen Spanferkel. 🗺 Q6

❸ TROPFSTEINHÖHLE COVES D'ARTÀ

11km von Cala Rajada, 15 Min. Autofahrt
Ein rauchgeschwärzter Schlund liegt bei Canyamel über dem Meer – es ist der Eingang in die imposante Coves d'Artà. *April–Juni, Okt. 10–18, Juli–Sept. bis 19, im Winter bis 17 Uhr | 40-minütige Führungen, Eintritt 15 Euro | cuevasdearta.com |* 🗺 Q6

ARTÀ

(🗺 P5) **Gekrönt wird das Landstädtchen Artà (7550 Ew.) im äußersten Nordosten von einer trutzigen Zitadelle, aus der sich die Wallfahrtskirche Sant Salvador erhebt.**
Etwas unterhalb überragt die ebenfalls festungsähnliche Pfarrkirche arabischen Ursprungs den Terrassenort. Zypressen und Mandelbäume setzen grüne Tupfer zwischen das Ocker der Mauern. Einige wehrhafte Herrenhäuser, blühende Gärten und kleine Plätze, viele Bars und ein paar Restaurants machen Artà aus. Hier sind alte Bräuche wie die Bast- und Korbflechterei und die teuflischen Feste zu Sant Antoni noch lebendig. Dienstags ist Wochenmarkt.

SIGHTSEEING

SANT SALVADOR
Von der Pfarrkirche führt ein von Zypressen gesäumter, 180-stufiger Kreuzweg *(calvario)* zur Festung mit der Wallfahrtskirche. Aus der arabischen *almudaina* (wehrhafter Palast) wurde unter König Jaume I. ein christliches Bollwerk. Im Innern von Sant Salvador zeigt das rechte Seitengemälde die Übergabe Mallorcas durch den arabischen Wali an den Christenkönig. Um die hier verehrte Madonna aus dem 17. Jh. ranken sich Legenden von wiederholter Rettung vor Piratenangriffen. Schön: der Blick vom Mauerwall auf das harmonische Halbrund des Städtchens. *Tgl. 10–18 Uhr*

CASA DE CULTURA DE NA BATLESA
Im Kulturhaus ist eine Werkdokumentation des genialen zeitgenössischen Malers Miquel Barceló untergebracht. *Mo–Fr 16–19.30 Uhr | Eintritt frei | C/de Ciutat 1*

SES PAÏSSES
Diese talayotische Siedlung ist eine der gepflegtesten und am besten erhaltenen der Insel. Bewohnt von etwa 300 Menschen war sie von 1300 v. Chr. bis zur römischen Herrschaft im 1. Jh. v. Chr. Eindrucksvoll sind der Haupteingang und die Außenmauer, die aus tonnenschweren Megalithblöcken besteht. Der zentral gelegene *talaia* (Wachtturm) soll auch Wohnsitz der Oberhäupter gewesen sein; guter Prospekt in Deutsch. *Mo–Fr 10–17, Sa*

10–14, Nov.–März Mo–Sa 10–14 Uhr | Eintritt 2 Euro | nach dem stillgelegten Bahnhof rechts an der Ctra. Artà–Capdepera (ausgeschildert) | ⏱ 1–1½ Std.

Georg's Motto Genuss und Lebensfreude. Der originell dekorierte Laden führt mallorquinische Feinkost, Wohnaccessoires und Kunst. Probier mal

Es mag auch an den Stufen liegen, wenn dir beim Blick von Artàs Zitadelle der Atem fehlt

ESSEN & TRINKEN

HOTEL SANT SALVADOR

In dem herrschaftlichen Stadthaus im oberen Ortsteil werden leichte mediterrane Gerichte in drei Restaurants serviert. Dazu besticht die Mischung aus antiker und moderner Einrichtung. Es finden auch Livekonzerte statt. *C/del Pou Nou 26 7 | Tel. 9 71 82 95 55 | santsalvador.com | €€€*

SHOPPEN

Artàs Fußgängerzone ist der *Carrer Antoni Blanes*. Schön zum Stöbern nach allem, was man nicht braucht, ist *Pedra i Flor* in der Nr. 4. In Haus Nr. 7 ist

den Dattelessig! *Can Pantalí (Nr. 21)* ist der letzte überlebende Korbladen, der Handarbeit aus Artà und von anderswo verkauft.

RUND UM ARTÀ

4 CALA TORTA/CALA MITJANA

10 km von Artà, 20 Min. Autofahrt
Eine kleine, asphaltierte Straße ist die Zufahrt zu den schönen Stränden 🏖 *Cala Torta* und *Cala Mitjana*. Sie ist ausgeschildert und beginnt hinter Artà an der Straße nach Capdepera; der Weg

Nach dem Weg zur Cala Mitjana könnt ihr die Füße gleich im Meer abkühlen

führt nicht ganz an die Strände heran und erfordert einen etwa 1 km langen Fußmarsch. Die Cala Torta erwartet dich dafür mit einer Beachbar und manchmal auch mit schönen Wellen. 🗺 *Q4*

5 ERMITA DE BETLEM

9,5 km von Artà, 25 Min. Autofahrt
Wie eine Oase wirken die Gärten und die Einsiedelei, wenn man die Serpentinenfahrt über den kargen *Puig de sa Font Crutia* hinter sich hat. Sie liegt in einem fruchtbaren Hochtal, das schon die Araber bewirtschafteten. Früher standen dort mehr als 30 Bauernhäuser. Im Jahr 1805 gründeten Mönche die Einsiedelei, der sie den biblischen Namen Betlem, Betlehem, gaben. Die letzten Mönche zogen 2010 um in ihr Ordenshaus in Palma. Besuchen kannst du die Klosterkapelle mit einer Zypressenallee und den *Mirador* mit weitem Ausblick über die Bucht von Alcúdia. Die nahe gelegene heilige Quelle *Sa Font* ist ein idylli-

scher Picknickplatz. *Straße beginnt an der Festung von Artà* | 🕐 *1 Std.* | 🗺 *O4*

CAN PICAFORT

(🗺 M–N4) **Der eher gesichtslose Badeort Can Picafort (6800 Ew.) mit vielen Bars und Läden und seinem 5 km langen Sandstrand wird im Sommer lebendig.**
Am östlich gelegenen Strand von *Son Bauló* beginnt ein naturgeschützter Küstenabschnitt.

MELASSA

Das Seefahrerambiente passt: Im Melassa werden feine Fischgerichte aufgetischt. *Tgl. 8–10.30 und 18.30–*

22.30 Uhr | Tel. 971850851 | C/ Isabel Garau 49 | melassa.es | €€

EL MOLINO

Hier kannst du unter Kiefern auf simplen Holzstühlen sitzen und das beste Inselkaninchen mit ganz zartem Fleisch vom Holzkohlegrill genießen. *Di–So 9–2 Uhr | C/ Badía 4 | Tel. 971850249 | €*

SPORT & SPASS

Begleitete Ausritte bietet 👥 *Rancho Can Picafort (25 Euro pro Std. | Ctra. Alcúdia–Artà, bei km 21,5 | ranchocanpicafort.com)*. Auf der 👥 *Kartbahn (Mai–Okt. tgl. 10–22, Nov.–April Di–So 9–13 und 15–19 Uhr | 10 min. ab 15 Euro | Ctra. Alcudia-Artá s/n | Santa Margarita | kartingcanpicafort.com)* dürfen Kinder ab 4 Jahren selbst die Reifen zum Glühen bringen oder im Doppelsitzer mit den Eltern über den Asphalt düsen.

RUND UM CAN PICAFORT

6 SON REAL

6 km von Can Picafort,
10 min. Autofahrt

Der Landsitz, den die Balearenregierung 2004 erwarb, beherbergt ein interessant gestaltetes Museum, das das Inselleben des 19./20. Jhs. sowie ein Geschichtsvideo der Finca zeigt. Von hier aus erreichst du durch urwüchsige

Natur die eindrucksvolle *Nekropole Son Real* am Meer. In der Totenstadt wurden vom 7. bis zum 2. Jh. v. Chr. bis zu 2000 Grabstätten angelegt, aufgeschichtet aus großen Steinen. Die dort entdeckten 300 Skelette und die Grabbeigaben befinden sich in Barcelona. Erst 2018 wurden wieder 2500 Jahre alte menschliche Überreste freigelegt. *Tgl. 9–16 Uhr | Eintritt frei | Ma12, bei km 17,7 | ⏱ 3 Std.*

INSIDER-TIPP
Stadt der geheimnisvollen Gräber

7 SON SERRA DE MARINA

8 km von Can Picafort,
10 min. Autofahrt

Die junge Feriensiedlung in Wildwestmanier (700 Ew.) bietet Strandbars und Terrassenlokale. Dahinter erstreckt sich der wenig besuchte, etwa 2,5 km lange, naturgeschützte Dünenstrand ⭐ *Es Arenal* bis nach Colònia de Sant Pere; Liegestühle und Sonnenschirme gibt es hier nicht. Ganz am Ende wird FKK geduldet. Ein *talaiot* markiert die Zufahrt bei Kilometer 14,2 an der Straße nach Artà. *N5*

8 COLÒNIA DE SANT PERE

20 km von Can Picafort,
25 min. Autofahrt

Der verträumt wirkende Ort (550 Ew.) am Ostende der Bucht von Alcúdia kann das Ziel kilometerlanger Strandwanderungen von Can Picafort oder Ausgangspunkt für Wanderungen auf der Halbinsel Ferrutx sein. Er hat einen schönen Boulevard am Meer, an dem sich einige Bars und Restaurants reihen. Ganz am Ende: *Sa Xarxa (Di–So 12–23 Uhr | Paseo del Mar s/n | Tel. 971589251 | sa-xarxa.*

com | €€). Dort reicht die raffinierte, international inspirierte Karte von Thai- bis zu Mittelmeerspezialitäten. Auch Vegetarisches ist dabei. 🕮 O4

MURO

(🕮 L4–5) **Das stark von Landwirtschaft geprägte Muro (6800 Ew.) ist einer der ältesten Orte der Insel und erhielt schon 1300 die Stadtrechte.** Seine monumentale Pfarrkirche mit dem durch eine Brücke verbundenen ehemaligen Verteidigungs- und heutigen Glockenturm beeindruckt genauso wie die behaglichen alten Bürgerhäuser im Ortsteil *Comtat*. Beim Wochenmarkt am Sonntag sind die Leute von Muro weitgehend unter sich.

SIGHTSEEING

MUSEU ETNOLÒGIC DE MURO 🐾
Das volkskundliche Museum in einem Bürgerhaus aus dem 17. Jh. zeigt Handwerkskunst und Wohnräume, die das einstige Landleben veranschaulichen. *Sept.–Juli Di–Sa 10–15, Do auch 17–20 Uhr, im Aug. geschl. | Eintritt frei | C/ Major 15 | ⏱ 2 Std.*

ESSEN & TRINKEN

SA FONDA
Eine große Bar und ein kleiner Speiseraum, ein Grill und winters ein offener Kamin sind der schlichte Rahmen für solide Hausmannskost. *Mo, Mi, Do 6.30–20, Fr–So bis 24 Uhr, Di geschl. | C/ Sant Jaume 1 | Tel. 9 71 53 79 65 | €*

RUND UM MURO

9 S'ALBUFERA ⭐ 🐾
10 km von Muro, 10 Min. Autofahrt
In dem 17 km² großen Naturschutzpark nordöstlich von Muro pulsiert das Leben, und du kannst mittendrin sein. Mehr als 10 000 Vögel ziehen hier durch, es gibt Amphibien, wilde Pferde und Orchideen. Am besten cruist du mit dem Rad durchs flache Gelände; Verleih in Port d'Alcúdia oder Pollença, z. B. bei *Sport Bequi (Tel. 9 71 54 56 64 | sportbequi.com)* oder *New Horizon (Tel. 9 71 59 79 87 | newhorizon.es)*. Fernglas mitbringen! Auskunft gibt's beim *Centre Recepció (Tel. 9 71 89 22 50)* im Park. *April–Sept. 9–18, Okt.–März 9–17 Uhr | Ctra. Alcúdia–Can Picafort | Eingang an der Pont dels Anglesos | ⏱ 2½–3 Std. | 🕮 L–M 3–4*

10 BLACK VULTURE CONSERVATION FOUNDATION (BVCF) 🦅 🐾
11 km von Muro, 15 Min. Autofahrt
Trefft Mallorcas Symboltier persönlich: den Mönchsgeier! Die imposanten Aasfresser mit einer Flügelspannweite von bis zu 3 m ziehen normalerweise hoch über den Tramuntanabergen ihre Kreise. Nur auf der waldigen Finca Son Pons kommt ihr ganz nah an sie ran. Hier leben flugunfähige oder verletzte Tiere, die von der Stiftung versorgt werden. Bei Fütterungen könnt ihr dabei sein. Außerdem gibt es einen Film und Infos über die Tiere und ihren Lebensraum. *Mo, Fr und 1. Sa im Mo-*

nat Juni–Aug. 9–13, Sept.–Mai 10–14 Uhr | Eintritt frei | Finca Son Pons | Ausfahrt 35 der Autobahn Palma–Alcúdia | bvcf.eu | ⏱ 1½ Std. | ▥ K4

🔟 CAMPANET

14 km von Muro, 20 Min. Autofahrt

Das lang gestreckte, ruhige Dorf (2500 Ew.) nordöstlich lebt vor allem dienstags und samstags auf: Dann ist Markt, und in der Bar *Sa Galerie* drängen sich Jung und Alt am Tresen. Altes Handwerk wie Glasbläserei, Korbflechterei und Töpferei hat hier überlebt. Glaswaren kann man in der Manufaktur *Menestralía (Ausfahrt 35 der Autobahn Palma–Alcúdia)* kaufen. Sehenswert sind die bizarren Tropfsteinhöhlen 🌳 *Coves de Campanet (tgl. Mai–Okt. 10–18.30, Nov.–April 10–17.30 Uhr | Eintritt 15 Euro | an der Ausfahrt 37 | covesdecampanet.com | ⏱ Führung 40 Min.).* ▥ K4

🔢 SA POBLA

5 km von Muro, 10 Min. Autofahrt

Das Bauerndorf (12 800 Ew.) ist nicht hübsch. Aber es ist das landwirtschaftliche Zentrum der Insel und hat sich einige Eigenarten bewahrt, die andernorts ausgestorben sind, z. B. traditionelle Feste wie Sant Antoni und den ländlichen Sonntagsmarkt, um den herum Tapasbars scharf gewürzte regionale Gerichte anbieten. Und wenn in heißen Juli- und Augustnächten anderswo Beachpartys steigen,

INSIDER-TIPP
Let's swing!

treffen sich Hunderte Fans auf dem Marktplatz zum Jazzfestival *Sa Pobla (jazz.sapobla.cat),* um mitten im Dorf internationale Bands zu hören. ▥ L4

Wer wird denn da streiten? In S'Albufera ist Platz für alle Kuhreiher

ALCÚDIA

(▥ M 2–3) Für manchen sind sie wie Himmel und Hölle, Alcúdia und sein rund eineinhalb Kilometer entfernter Hafen Port d'Alcúdia (19 400 Ew.).

Port d'Alcúdia ist der 30 000-Gästebetten-Moloch, der sich vom Hafen bis zur Platja de Muro hinzieht und dann nahtlos in deren Hotelzone übergeht. Hier tobt im Sommer der Bär, schieben sich deutsche, britische und skandinavische Touristen durch die Straßen, füllen allnächtlich Jugendliche Pubs und Discos. Dagegen wirkt Alcúdia fast verträumt: Das

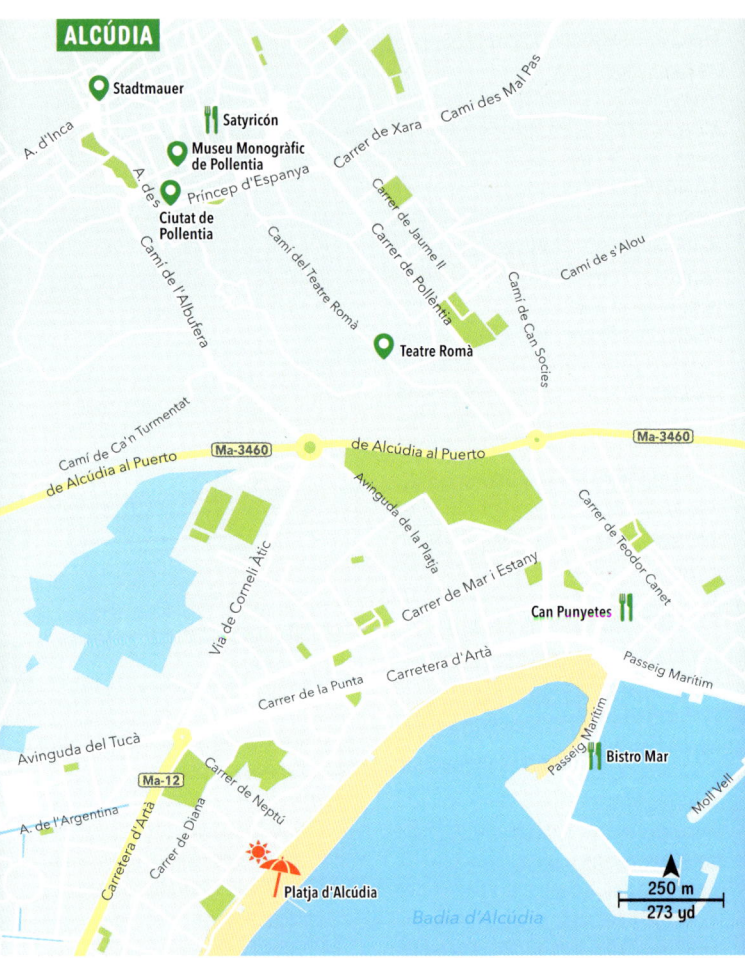

ALCÚDIA

- Stadtmauer
- Satyricón
- Museu Monogràfic de Pollentia
- Príncep d'Espanya
- Ciutat de Pollentia
- Teatre Romà
- Can Punyetes
- Bistro Mar
- Platja d'Alcúdia

A. d'Inca
A. des
Camí de l'Albufera
Carrer de Xara
Camí des Mal Pas
Carrer de Jaume II
Carrer de Pollentia
Camí del Teatre Romà
Camí de s'Alou
Camí de Can Socies
Camí de Ca'n Turmentat
de Alcúdia al Puerto
Ma-3460
de Alcúdia al Puerto
Ma-3460
Avinguda de la Platja
Via de Corneli Àtic
Carrer de Mar i Estany
Carrer de Teodor Canet
Carrer de la Punta
Carretera d'Artà
Passeig Marítim
Passeig Marítim
Moll Vell
Avinguda del Tucà
Ma-12
Carrer de Neptú
A. de l'Argentina
Carretera d'Artà
Carrer de Diana

250 m
273 yd

Badia d'Alcúdia

hübsch restauriert Landstädtchen wird fotogen umrahmt von seiner mittelalterlichen Stadtmauer. Die Innenstadt ist für Autos gesperrt, so kannst du dort herrlich bummeln, zumal viele Restaurants mit blumengeschmückten Terrassen zu einer Pause einladen. Schön dekorierte Läden machen Lust aufs Stöbern.

SIGHTSEEING

STADTMAUER

Zur Abwehr von Piratenangriffen wurde im Jahr 1298 unter König Jaume II. mit dem Bau der Stadtmauer begonnen. Bis 1660 kamen mehrere Bollwerke und ein zweiter Mauerring hinzu. Integriert in die Mauer ist die Pfarrkirche *Sant Jaume*

(Mai–Okt. Mo–Sa 10–13 und zu den Messen: Di–Fr 20.30, Sa 19, So 12.30, 19 Uhr, Nov.–April nur zu den Messen: Di, Mi, Fr, Sa 19.30, So 9.30, 12, 19.30 Uhr | Eintritt 1 Euro) mit einem schönen Rosettenfenster aus dem 14. Jh. Ihre heutige Gestalt erhielt sie im 16. und 19. Jh. Im Innern befindet sich ein prächtiger Hauptaltar mit Jakobusstatue. Achte auch auf die Seitenkapelle im Renaissancestil mit dem hölzernen Kruzifix *Santcrist,* das alle drei Jahre bei der Prozession zum Fest Santa Ana gezeigt wird.

MUSEU MONOGRÀFIC DE POLLENTIA

Das Modell eines römischen Hauses hilft, sich das einstige Pollentia besser vorzustellen. Das Museum zeigt Funde aus talayotischer und römischer Zeit mit wichtigen Ausgrabungsstücken aus Pollentia. *April–Sept. Mo–Fr 9.30–20.30, Sa/So 9.30–14.30, Okt.–März Mo–Fr 9.30–15.30 Uhr | Eintritt s. Ciutat de Pollentia | C/ Sant Jaume 30 |* ⏱ *1½–2 Std.*

CIUTAT DE POLLENTIA

Pollentia ist der römische Hauptfundort der Insel. Im Jahr 123 v. Chr. wurden die Balearen vom römischen Konsul Cecili Metel erobert. Um 70 v. Chr. kam es zur Gründung von Pollentia, der damaligen Hauptstadt Mallorcas, die 426 von den Vandalen zerstört wurde. Aus ihren Trümmern entstand unter muslimischer Herrschaft etwas weiter nördlich Alcúdia. Heute sind nur noch einige Säulen und die Grundmauern der *Casa de la Portella* zu sehen. *Mo–Fr 9.30–20.30, Sa/So 9.30–14.30 Uhr | Eintritt 4 Euro inkl. Museu Monogràfic | Av. Príncegs d'Espanya |* ⏱ *1 Std.*

TEATRE ROMÀ 🐷

Auch das kleinste Amphitheater Spaniens ist noch in seinen Grundmauern und seinem Treppenhalbrund erhalten. Es bot einmal Platz für 2000 Menschen. In den Rangreihen befinden sich prähistorische Höhlen, am Eingang trapezförmige Grabstätten (6. Jh.). *Mo–Fr 9.30–14.30 Uhr | Eintritt frei | Port d'Alcúdia, 200 m Fußweg ab Ctra. Alcúdia |* ⏱ *1 Std.*

ESSEN & TRINKEN

SATYRICÓN

Im ehemaligen, aufwendig restaurierten Kino von Alcúdia erlebst du altrömische, kulinarische Lebenslust. Achte auf das tolle Deckenfresko! *Tgl. 10–23 Uhr, Nov.–März geschl. | Plaça Constitució 4 | Tel. 9 71 54 49 97 | €€*

BISTRO MAR

Bei leckeren Fisch- und Fleischgerichten schaut man von dem gepflegten Terrassenlokal auf schmucke Yachten und das Meer. *Tgl. 12–21 Uhr, Nov.–März geschl. | Passeig Marítim 3 | Port d'Alcúdia | Tel. 9 71 54 57 04 | bistromar.com | €€*

CAN PUNYETES

Kleine, immer volle andalusische Kneipe mit einer Riesenauswahl bester Tapas. *Mi–Mo 12.30–16.30 u. 18–24 Uhr, Mitte Nov.–Ende Febr. geschl. | C/ Barques 1 | Port d'Alcúdia | Tel. 9 71 54 83 52 | €*

SHOPPEN

Der Carrer Major birgt viele Lädchen und Boutiquen. *Àgata (Nr. 48)* ist voller Mineralien und Steine, *Oska (Nr. 34a)* ein Modeladen. *Sa Cisterna* an der Ecke der gleichnamigen Seitenstraße hat neben mallorquinischen Delikatessen auch eine gut sortierte Weinbodega *(Mi–Di)*. Und im Nougathimmel schwebst du, wenn du den Laden *Torrons Vicens (C/ del Moll 3b)* betrittst.

SPORT & SPASS

Die Buchten von Pollença und Alcúdia sind auch für Anfänger geeignete Segel-, Stand-up-Paddle- und Surfreviere. Und weil der breite, lange Sandstrand *Platja d'Alcúdia* flach ins Meer hinein verläuft, ist er vor allem für Familien mit Kindern ideal.

HIDROPARK

Adrenalinschub gefällig? Dann nichts wie los in diesen Wasser-Spaßpark von Port d'Alcúdia. Spiralrutschen, Gummi-reifenrampen, Wellenbecken, Chill-out-Zonen und Kleinkindbecken sind ein feucht-fröhliches Riesenvergnügen. *Mai–Juni und Sept.–Okt. tgl. 10–17, Juli–Aug. tgl. 10–18 Uhr | Erwachsene 24,90 Euro, Kinder 3–11 Jahre 17,90 Euro | Av. Tucà | Port d'Alcúdia | hidroparkalcudia.com*

WIND & FRIENDS WATERSPORTS

Segel- und Surfschule am Strand beim Hotel Sunwing Alcudia Beach. *5-Tage-Segelkurs 260 Euro, 5-Tage-Windsurfkurs 240 Euro | 15. April–Ende Okt. | Port d'Alcúdia | Mobiltel. 6 61 74 54 14 | windfriends.com*

CLUB DE GOLF ALCANADA

Der schönste Golfplatz der Insel: 16 der 18 Löcher haben Meerblick; dazu gibt's ein Clubhaus mit gutem Restaurant und Aussichtsterrasse. *Green-*

Nach einem Strandtag kann man im hübschen Alcúdia gut Kohlenhydrate tanken

fee ab 105 Euro | Carretera del Faro | Port d'Alcúdia | Tel. 9 71 54 95 60

AUSGEHEN & FEIERN

Im *Auditorio (Tel. 9 71 89 71 85)* gegenüber der Stadtmauer gibt es Theateraufführungen und Konzerte von Pop über Jazz bis Klassik (Programme in den deutschen Inselzeitungen). Die Renner unter den Discos sind *Menta (Av. Tucà 5 | menta-disco.com)* und *Banana Club (nahe dem Verteilerkreisel bei Burger King | bananaclub.es)* in Port d'Alcúdia.

RUND UM ALCÚDIA

13 MUSEO SA BASSA BLANCA – FUNDACIÓN YANNICK Y BEN JAKOBER

7 km von Alcúdia, 15 Min. Autofahrt
Das wunderschön gelegene Kunstmuseum zeigt die zeitgenössischen Werke der Künstler Yannick und Ben Jakober, aber auch eine außergewöhnliche Sammlung historischer Kinderporträts aus dem 16. bis 18. Jh. Das Haupthaus daneben kann ebenfalls mit Führung (u. a. auf Deutsch) mehrmals täglich besichtigt werden. ==Nicht verpassen solltest du den Rosengarten, der zum Anwesen gehört.==

INSIDER-TIPP
Hier blüht dir was

==Dort blühen besonders im Mai die Königinnen der Blumen um die Wette.== Es sind über 100 alte englische Rosensorten zu sehen. ✿ Dienstagnachmittag

(14–18 Uhr) ist der Eintritt frei. *Mo–Sa 10–18 Uhr | Eintritt 10 Euro, nur Garten 5 Euro | Camino de Ronda 10 | Mal Pas | fundacionjakober.org | ⏱ 2–3 Std.*

14 HALBINSEL LA VICTORIA ⭐

6 km von Alcúdia, 15 Min. Autofahrt
Die ab Alcúdia gut ausgeschilderte Straße führt an den hübschen Villenorten *Mal Pas* und *Bonaire* mit Yachthafen vorbei und windet sich dann entlang romantischer kleiner Buchten rauf zur *Ermita de la Victoria.* Verehrt wird hier die *Virgen de la Victoria,* eine gotische Marienfigur und Schutzpatronin von Alcúdia, die der Legende nach die Stadt einst vor Piraten rettete. Die Kirche von 1679 wirkt wie eine Festung. Daneben liegt das Ausflugslokal *Mirador (Di–So 13–15.30 und 19–24 Uhr | Tel. 9 71 54 71 73 | miradordelavictoria. com | €€)* mit Terrasse und toller Aussicht auf die Bucht von Pollença.
Am Weg zur Ermita de la Victoria gibt es einen schönen Picknickplatz direkt am Meer – perfekt für eine Pause. ==Von der Ermita führt eine ca. 45-minütige Wanderung hoch über der Steilküste zur *Penja Rotja* mit Traumblicken über die Bucht von Pollença.==

INSIDER-TIPP
Da tun sich Abgründe auf

Der Weg ist ausgeschildert, erfordert aber an einer Stelle Schwindelfreiheit! 🗺 M–N 2–3

POLLENÇA

(🗺 K–L2) **Das Landstädtchen Pollença (16 200 Ew.) im äußersten Norden gibt sich eigenwillig.**

POLLENÇA

Port de Pollença
Bellaverde
Celler La Parra
Argos
La Llonja
Calvari
Casa Museu Dionís Bennàssar
Sonntagsmarkt
Galería Maior
Santo Domingo
Puig de Maria

Carretara Palma a Pto Pollença
Camí de Culxac
Camí de la Font
Camí de Llenaire
Camí de Llenaire
Passeig d'Alemanya
Badia de Pollença
Carretera d'Almadrava

1 km
0.62 mi

Die überwiegend wohlhabenden Pollençiner pflegen einen eigenen Dialekt, traditionelles Handwerk, überhaupt die Künste. Mit seinen Kunstgalerien und dem alljährlichen internationalen Musikfestival hebt sich Pollença stark vom Rest der Provinzorte ab.

SIGHTSEEING

CALVARI

365 Stufen führen am Kreuzweg zu der kleinen Wallfahrtskirche mit dem großen Blick. *Hinter dem Marktplatz, vorbei am Hahnenbrunnen (ausgeschildert)*

CASA MUSEU DIONÍS BENNÀSSAR

Der Künstler Dionís Bennàssar (1904–67) gehörte der Gruppe um den Jugendstilmaler Hermenegildo Angla-

da Camarasa an. In seinem Wohnhaus sind 240 seiner beeindruckenden Werke ausgestellt. *März–Okt. Di–Sa 10.30–14 und 17–20, So 10.30–14 Uhr, sonst nur nach tel. Voranmeldung | C/ Roca 14 | Tel. 9 71 53 09 97 | museu dionisbennassar.com |* ⏱ *1–1½ Std.*

SANTO DOMINGO

In dem vom Kreuzgang eingerahmten Innenhof des ehemaligen Dominikanerklosters, das heute ein Altersheim beherbergt, steigt im August das internationale Musikfestival *(festivalpollen ca.com)*. Im Winter wird hier an Sonntagen mallorquinische Folklore geboten. Auch das örtliche *Heimatmuseum (Museu Municipal)* mit Funden aus talayotischer Zeit und einer Bildergalerie ist hier. *Di–Sa 10–13, Mai–Okt. auch 17.30–20.30 Uhr |* 🎫 *Eintritt frei |* ⏱ *1 Std.*

PUIG DE MARIA

Die Auffahrt auf den 333 m hohen Hausberg der Stadt, der von dem ehemaligen Nonnenkloster *Mare de Déu del Puig* gekrönt ist, beendest du am besten bei den letzten Häusern. Von hier aus gehst du erst auf der Straße, dann auf dem alten Pilgerpfad. Ein umwerfender Ausblick und die Einkehr im Klosterstübchen belohnt dich. *Ctra. Palma–Pollença, bei km 51*

PORT DE POLLENÇA

Vom Hafen in der Bucht von Pollença erstreckt sich in Richtung Westen eine der schönsten Fußgängerpromenaden der Insel. Hier kannst du unter uralten Kiefern entlang und vorbei an schönen Villen und Hotels der Gründerzeit spazieren.

ESSEN & TRINKEN

ARGOS

Jung, talentiert und ziemlich erfinderisch: Álvaro Salazar steht im Argos am Herd und hat sich mit seiner mediterranen Küche einen Michelinstern erkocht. Das Restaurant des Hotels La Goleta bietet beides: Gaumenfreuden und Augenschmaus, der Meerblick ist nämlich inklusive. *Mi–Mo 19–21.30 Uhr | Paseo Saralegui 118 | Port de Pollença | Tel. 9 71 86 59 02 | argosrestaurant.com | €€–€€€*

BELLAVERDE

Grüner als im Restaurant der Pension Bellavista wird's nicht: Der traumhafte Garten des Bellaverde mit jahrhundertealten Feigenbäumen ist genau der richtige Rahmen für die kreativen vegetarischen und veganen Rezepte. *Di–So 8.30–24 Uhr | C/ de les Monges 14 | Port de Pollença | Mobiltel. 6 75 60 25 28 | Facebook: RestauranteBellaverde | €€*

CELLER LA PARRA

Üppig dekoriert, mit authentischer Inselküche und irgendwie urgemütlich. Tolle Paella neben riesigen, bauchigen Weinfässern. *Di–So 13–15.30 und 19–22.30 Uhr | C/ Joan XXIII 84 | Port de Pollença | Tel. 9 71 86 50 41 | cellerlaparra.com | €€*

INSIDER-TIPP
Urtypische Paella probieren

LA LLONJA

Die alte Fischerbörse hat sich in eines der besten Gourmet-Terrassenlokale im Norden verwandelt, mit traumhaftem Hafenblick oben und sonnigem Bistro unten. *Tgl. 12.30–16 und 19.30–23 Uhr, Nov.–Mitte Dez. geschl. | Moll Vell | Tel. 9 71 86 84 30 | restaurantlallonja.com | €€–€€€*

SHOPPEN

GALERÍA MAIOR

Die avantgardistischste der örtlichen Kunstgalerien mit großem Repertoire internationaler Kunst. *Plaça Major 4 | galeriamaior.es*

SONNTAGSMARKT

Sitzen, schauen, shoppen: Am Sonntagvormittag ist richtig was los auf Pollenças großem Marktplatz. Es gibt Obst und Gemüse, Blumen, regionale Produkte, Kunsthandwerk, Honig aus Artà am Stand *Mel de na Marta* und rundherum Bars wie das *Can Moixet (tgl. ab 7 Uhr).*

SPORT & SPASS

GOLF POLLENÇA
9-Loch-Platz, vom Clubhaus mit Pool und Restaurant hast du einen schönen Fernblick. *Greenfee ab 45 Euro | Ctra. Palma–Pollença, bei km 49 | Tel. 9 71 53 32 16 | golfpollensa.com*

SAIL & SURF
Mallorcas größte Segel- und Surfschule mit Bootsverleih steht unter deutscher Leitung. *Passeig Saralegui 134 | Tel. 9 71 86 53 46 | sailsurf.de*

RUND UM POLLENÇA

🟥 HALBINSEL FORMENTOR ⭐
23 km von Pollença, 35 Min. Autofahrt
Die lang gestreckte, schmale und schroffe Halbinsel ist stark besucht, bis zu 7000 Autos wurden pro Tag gezählt. Zu viel! Deshalb ist die Zufahrtsstraße zum Kap im Juli und August für private Pkw von 10 bis 19 Uhr gesperrt, es werden Shuttlebusse eingesetzt *(Start: Port de Pollença | Einzelfahrt 1,55 Euro).* In den anderen Monaten besteht nur in den frühen Morgen- und späten Nachmittagsstunden eine Chance für weniger Verkehr auf der 18 km langen Traumstraße, die an ihrem Ende, vor dem Kap, zum Albtraum werden kann, wenn die vielen Touristenbusse und Leihwagen nicht mehr vor und zurück können.
Fast lohnender als das Kap ist der *Mirador* am Pass mit dem fotogenen Felseninselchen *Es Colomer,* den jäh ab-

stürzenden, 200 m hohen Felswänden und dem Piratenturm *Talaia d'Albercutx.* Nach dem etwa halbstündigen Aufstieg wirst du belohnt mit einem Rundumpanorama über die halbe Insel und dem schönsten Sonnenuntergang weit und breit.
Lust auf Strand? Der Sandstrand *Cala Pi* ist hübsch, aber schmal und meist voll. Die Naturbuchten *Cala Figueira* und *Cala Murta* kannst du zwar nur zu Fuß erreichen, dafür sind sie weniger überlaufen. 🗺 *M–N 1–2*

🟥 CALA SANT VICENÇ
7 km von Pollença, 15 Min. Autofahrt
Den kleinen, ruhigen Villen- und Badeort nordöstlich von Port de Pollença erreicht man auch gut mit dem Fahrrad. Räder verleiht z. B. *Rent March (rentmarch.com)* in Port de Pollença. Die zwei Sandbuchten werden von einer steilen Felswand, dem *Cavall Bernat* umrahmt. Das Bergmassiv färbt sich mit jeder Jahreszeit und je nach Sonnenstand anders. Im Februar und März nimmt der Schatten auf der Wand am Nachmittag die Form eines Pferds mit Reiter an: ein begehrtes Motiv für Maler und Fotografen.

> INSIDER-TIPP
> **Ziemlich magisch, dieser Berg**

Das Hotel *Cala Sant Vicenç* mit seinem palmenbestandenen Garten wartet mitten im Ort mit dem Restaurant *Lavanda (tgl. 10.30–23 Uhr, Mitte Okt.–April geschl. | Tel. 9 71 53 02 50 | €€–€€€)* auf. Schön zum Lunch oder für einen Gin Tonic am Abend an der Bar. Vom Terrassenrestaurant *Cala Barques (tgl. 12.30–15.30 und Di–Sa 19.30–22.15 Uhr, Okt.–Anfang Jan. geschl. | Tel. 9 71 53 06 91 |*

Goldenes Heim: In der Kirche des Klosters Lluc steht die Schnitzfigur der Moreneta

€€) genießt du zu frischem Grillfisch einen tollen Meerblick. 📖 L1

🔟 SANTUARI DE LLUC ⭐
20 km von Pollença, 30 Min. Autofahrt
Umgeben von einer imposanten Bergkulisse, duftenden Eukalyptusbäumen und schroffen Felsformationen liegt Mallorcas wichtigster Wallfahrtsort in einem 525 m hohen Tal. Busseweise strömen die Besucher zur *Moreneta*, der schwarzen Madonna in der Klosterkirche. Picknickplätze säumen die Klosteranlage aus dem 17./18. Jh. Die Legende erzählt von einem Hirtenknaben, der im 14. Jh. lebte. Er fand die Marienstatue und brachte sie dreimal zum Priester nach Escorca. Jedes Mal kehrte die Madonna an den Fundort zurück und setzte damit das Zeichen für den Bau einer Einsiedelei. In den ehemaligen Zellen des Santuari de Lluc kannst du auch übernachten (€) – sogar mit Bad und Heizung.

INSIDER-TIPP
Einmal Mönch auf Probe

Seit dem 16. Jh. singen die *blavets*, blau-weiß gekleidete Chorknaben der klösterlichen Singschule, zur Messe *(Mo–Sa 12.45, So 11 Uhr | 5 Euro inkl. Museum, Dokumentarfilm, Garten, im Sommer Schwimmbecken, Parken | Tel. 9 71 87 15 25 | lluc.net | ⏱ 1½–2 Std).*
Ein uriges Bergrestaurant ist das *Es Guix (Mi–Mo 12.30–16 Uhr, Öffnungszeiten im Winter s. Website | 2 km von Lluc Richtung Sóller | Tel. 9 71 51 70 92 | esguix.com | €€)* mit einem von Quellwasser gespeisten Felsenpool und guter mallorquinischer Küche. 📖 J3

DER OSTEN

Die Ostküste mit ihren weißsandigen, von Kiefern gesäumten Stränden, dem türkisblauen Meer und den weiß getünchten Häusern ist Mallorcas fröhlichste Seite.

Hier könnte der Traum vom mediterranen Idyll am ehesten in Erfüllung gehen, wären da nicht in der Hochsaison viel zu viele Urlauber in viel zu vielen Hotels an den kleinen, fjordähnlichen Buchten, die übersät sind mit ankernden Booten. Der Küstenstreifen zwischen dem Cap d'es Pins und der Punta de Sa Galera hat – mit Ausnahme von Cala Millor/Sa

Im Hafen von Portocolom schaukeln noch die Fischerbötchen

Coma, Teilen der Cales de Mallorca und Porto Cristo Novo – relativ geschmackvoll bebaute Ferienzonen. Und zwischen der Küste und dem Gebirgszug Serra de Llevant verläuft eine der schönsten Ferienstraßen der Insel, die Ma4014: Mandel- und Orangenbaumplantagen, Getreide- und Weinfelder begleiten Rad- und Autofahrer auf ihrer Tour durch eine sanfte Mittelgebirgslandschaft. An die zahlreichen Badebuchten der Ostküste gelangst du, wenn du die Ma4014 verlässt und die Stichstraßen zu den *playas* nutzt. Das kostet ein bisschen Zeit, lohnt sich aber!

DER OSTEN

Petra

Sant Joan

Vilafranca
de Bonany

Ma-15

ESPAÑA

Manacor
S. 101

14 km, 20 Min.

13 km, 30

Son Macià

Felanitx
S. 98

1 Puig de Sant Salvador ★

5 Castell de Santueri

es Carritxó

Cas Concos **6**

s'Horta

Cala Sa Nau

s'Alqueria Blanca

Cala Ferrera

Cala d'Or

3 km
1.86 mi

Ma-15

Son Jordi

Costa dels Pins

Port Nou

Son Servera
S. 104

Sant Llorenç
S. 104

Strand von Cala Bona
und Cala Millor   **10** Cala Bona

10 Cala Millor

Son Moro

Son Carrió

11 Sa Coma

cala Moreia

cala Morlanda

33 km, 1 Std. 50 Min.

7 Porto Cristo

Coves del Drac ★

Cala Mendia

Cala Anguila

S'Estany
d'en Mas

8 Cova
des Coloms

*Mar
Mediterrània*

9 Cales de Mallorca

Cala Murada

Portocolom ★

Cala Marçal

Cala Brafi ★

FELANITX

(□ M–N9) **Dass Felanitx rund 17 300 Einwohner hat, merkt man dem ländlichen, sehr authentischen Ort nicht**

1957 wurde hier der wohl bedeutendste mallorquinische Maler der Gegenwart geboren: Miquel Barceló. Seine Arbeiten zeigen überwiegend Naturmotive. In Palmas Kathedrale ist ein sehr beeindruckendes Werk von ihm zu sehen.

Über dem Portal der Pfarrkirche wacht ihr Schutzpatron, der Erzengel Michael

an. Außer sonntags, dann belebt der Wochenmarkt den sehenswerten Ortskern um die Plaça Espanya.

Felanitx war zu arabischen Zeiten eine Hochburg der Herstellung von *azulejos* (blauen Kacheln); heutige Keramikwerkstätten könnte man als deren spätes Erbe ansehen. Die Stadt lebt sowohl vom Tourismus der nahen Küstenorte als auch vom Wein- und Obstanbau, von Vieh- und Fischzucht und von Gewerbebetrieben. Dass Felanitx einmal ein wichtiges Landwirtschaftszentrum war, bezeugen noch einige erhaltene der früher 25 Mühlentürme.

SIGHTSEEING

PFARRKIRCHE SANT MIQUEL

Über einer imposanten Freitreppe erhebt sich die mit einem prächtigen Rosettenfenster und einem reich geschmückten Portal ausgestattete Fassade der Kirche aus dem 18. Jh.

CALVARI

Vom Kalvarienberg mit seiner schlichten Kapelle aus dem 19. Jh. *(meist geschlossen)* hast du einen hübschen Ausblick auf das Städtchen. Biege von der Kirche in den Carrer Major und dann rechts in den Carrer d'es Call. Hier beginnen die Stufen des Kreuzwegs.

ESSEN & TRINKEN

CAFÉ D'ES MERCAT
Das einfache Café gleich gegenüber der Markthalle ist immer gut besucht, nicht nur an den sonntäglichen Markttagen. Das liegt an der lockeren Atmosphäre und vor allem an den **sehr guten und preiswerten Tagesmenüs für 9 Euro, inklusive Wein, Wasser und Kaffee.** So–Fr 6–16 Uhr | C/ Major 26 | Tel. 9 71 58 00 08 | €

INSIDER-TIPP
Mittag für Sparfüchse

EL CASTILLO DEL BOSQUE
Die Gestaltung als Burg ist Geschmackssache, die mediterrane Küche mit mallorquinischen Gerichten ist dagegen empfehlenswert und lockt viele Festlandspanier an. Do–Di 13–15.30 und 19–22.30 Uhr | an der Straße Richtung Portocolom, bei km 8 | großer Parkplatz, leider oft viel Verkehr | Tel. 9 71 82 41 44 | elcastillodelbosque.es | €€

ESTRAGON
Nicht teuer, aber gut: Das kleine deutsche Terrassenrestaurant mitten im Ort glänzt mit einem schmackhaften Tagesmenü für 12 Euro. À la carte gibt es z. B. Seeteufel, Ente oder Lammschulter. Mi–So 19–23, Sa/So auch 13–15 Uhr | Plaça Perelada 14 | Tel. 9 71 58 33 03 | estragon-felanitx.com | €–€€

SHOPPEN

Aus Felanitx sollte man nicht ohne ein Mitbringsel aus Ton nach Hause fahren. Das bekommt man z. B. bei *Cerámiques Mallorca (Mo–Fr 10.30–19.30 Uhr | C/ de Sant Agustí 50)* oder bei *Call Vermell (Di–Fr, So 10–13, Di–Fr auch 17–20 Uhr | C/ Major 44),* einer Töpferei mit Verkaufsladen.

SONNTAGSMARKT
Etwa ab 10 Uhr erwacht sonntags der Ortskern mit Freimarkt und Markthalle zum Leben. In den Kneipen an der palmengesäumten *Plaça Espanya* wird es dann voll.

SPORT & SPASS

Landleben pur: Erkunde auf Feldwegen zu Fuß oder mit dem Rad das Umland von Felanitx. Broschüren mit Streckenbeschreibungen auf Englisch und Deutsch gibt's kostenlos in den Tourismusbüros von Felanitx und Portocolom.

RUND UM FELANITX

❶ PUIG DE SANT SALVADOR
8 km von Felanitx, 20 Min. Autofahrt bis Santuario de Sant Salvador
Der heilige Berg von Felanitx (509 m) ist ein Doppelgipfel. Den höheren krönt ein verlassenes Kloster, dessen Ursprung im 13. Jh. liegt. Die Anlage birgt eine Madonnenskulptur (13. Jh.) und einen gotischen Altaraufsatz aus Alabaster. Ein überdimensionales Steinkreuz auf dem zweiten Gipfel und eine riesige Christusstatue demonstrieren einstige Kirchenmacht. ⊞ N9

☑ PORTOCOLOM ⭐

12 km von Felanitx, 15 Min. Autofahrt
Der alte Hafen von Felanitx mit seinen gut erhaltenen Fischer- und Bootshäusern und vielen traditionellen *llaüts* (mallorquinische Fischerboote) ist bilderbuchschön geblieben, soll jedoch leider vergrößert werden. Nur an der nahen *Cala Marçal* hat sich bislang ein bescheidenes Touristenzentrum entwickelt. Hungrig? An der Hafenpromenade lohnt ab 9 Uhr morgens ein Besuch des stylishen Bar-Restaurants des *Hostals HPC (Küche 12.30–16 und 18.30–23 Uhr, Öffnungszeiten im Winter s. Website | C/ Cristófol Colom 5 | Tel. 9 71 82 53 23 | hostalportocolom.com | €€)* mit Terrasse und Hafenblick. Nebenan bietet das *Colón (Do–Di 11– 24 Uhr | C/ Cristófol Colom 7 | Tel. 9 71 82 47 83 | restaurante-colon.com | €€€)* in gediegenem Ambiente hervorragende mediterrane Küche mit alpenländischem Einschlag vom österreichischen Starkoch Dieter Sögner.

Die Anzahl der 4500 Einwohner im Hafen verdreifacht sich in der Hochsaison, wenn die Leute aus Felanitx ihre Sommerhäuser beziehen. Noch immer hält sich hier das wissenschaftlich widerlegte Gerücht, Christoph Kolumbus sei in Portocolom geboren und dies der Grund für den Namen des Hafens. 📖 *O10*

☑ CALA MARÇAL

10 km von Felanitx, 20 Min. Autofahrt
Die Badebucht bei Portocolom wird vom gleichnamigen Hotel dominiert. Sie ist sandig und wenig begrünt. Hinter der Cala Marçal befindet sich die kleine, romantische ⭐ 🌴 *Cala Brafi.* Sie ist unbebaut und nur zu Fuß erreichbar. Vom oberen Ortsteil hinter der Cala Marçal führt ein versteckter,

Landkinder: In der Gegend um Cas Concos trifft man Mama Schaf und ihre Lämmer an

schmaler Weg an einer Mauer entlang zu der idyllischen Bucht. *O10*

4 CALA SA NAU

12 km von Felanitx, 20 Min. Autofahrt
Die chillige Bar *Xiringuito Cala Sa Nau (im Sommer Mo–So 9 Uhr–open end | Mobiltel. 6 37 83 32 76 | calasanau. com | €€)* serviert leckere Hamburger. Das Wasser ist türkisblau, es gibt ein WC und Sonnenschirme, und der Parkplatz liegt direkt nebenan. Kurz: Die Cala Sa Nau ist die perfekte Bucht für den perfekten Tag. *O10*

5 CASTELL DE SANTUERI

8 km von Felanitx, 15 Min. Autofahrt
Die Ruinen der gewaltigen mittelalterlichen Festungsanlage erheben sich auf einem Berg südlich von Felanitx. Die Fahrt lohnt sich wegen der Aussicht und der seltsamen Entrücktheit des Orts. Der Blick reicht weit über Land und Meer. Die Website informiert auch auf Deutsch über die Geschichte von Castell de Santueri. *April–Okt. Mo–Sa 10.30–18.30, So 10.30–14, Nov.–März Sa/So 10–14 und 16–18 Uhr | Eintritt 4 Euro | santueri.org | ⏱ 1–1½ Std. | N10*

6 CAS CONCOS

8 km entfernt, 15 Min. Autofahrt
Die Fahrt durch Felder und Hügel in das Dorf (440 Ew.) ist ein Erlebnis. Cas Concos selbst wäre nicht erwähnenswert, wenn hier und rundum nicht einige gute Adressen für hungrige Urlauber lägen. Hochgelobt ist der Kulttreff *Viena (Mi–Mo ab 18 Uhr | C/ Metge Obrador 13 | Tel. 9 71 84 22 90 | €€)* wird nach dem Tod seines deutschen Gründers vor einigen Jahren mit gleicher Karte weitergeführt. Ein paar Häuser weiter (Nr. 23) betreibt eine chilenische Familie das nüchtern-moderne *Can Pelat Rapa Nui (Do–Di 18.30–23 Uhr | Tel. 9 71 83 96 43 | €€)* und bereitet fantasievolle mediterrane Gerichte zu. *M10*

MANACOR

(N7) **Manacor, die drittgrößte Inselgemeinde, kommt in vielen Reiseführern schlecht weg. Dabei ist das Stadtinnere mit seinen Cafés und Bars am Kirchplatz sehr authentisch.** Mehr als anderswo gehört das Zentrum seinen Bewohnern. Die Stadt (41 000 Ew.) lebt gut von der rundherum angesiedelten Souvenir- und Möbelindustrie und vom Tourismus.

SIGHTSEEING

TORRE DELS ENAGISTES

Die Anfänge des Wehrturms mit Palast reichen zurück ins 13. Jh. Heute ist hier das ⭐ *Historische Museum (Juni–Mitte Sept. Mo, Mi–Sa 9–14 und Do–Sa 17–20.30, Mitte Sept.–Mai Mo–Sa 9–14 und Do–Sa 17–19.30, So 10.30–13 Uhr | Eintritt frei)* mit Mosaiken und Ausgrabungsfunden aus den frühchristlichen Basiliken Son Peretó und Sa Carrotxa bei Manacor untergebracht. Das trutzige Gebäude selbst ist schon den Besuch wert. *Ctra. Cales de Mallorca, bei km 1,5*

RAFA NADAL SPORTS CENTRE

Rafa Nadal liebt seine Insel und seinen Heimatort Manacor. Mit seinem Sportzentrum hat er sich hier sozusagen ein

Denkmal gesetzt. Zum Gelände der Tennisakademie gehören Sportanlagen, ein Hotel für die Schüler und ein Merchandising-Geschäft. Im Museum *Sport-Xperience (tgl. 10–18.30 Uhr | Eintritt 15 Euro)* sind Pokale und Trophäen des Tennisstars ausgestellt. *Crta. Cales de Mallorca | rnsportscentre.com*

ESSEN & TRINKEN

CAN MARCH

Neu-mallorquinische Küche im gemütlichen, versteckt gelegenen Familienbetrieb. *Di–So 13–15.30 Uhr | C/ València 7 | Tel. 9 71 55 00 02 | can march.com | €–€€*

FACTORIA

Junge, frische Gastro-Bar – eine „Fabrik" der kulinarischen Genüsse. *Di–Sa 13–15.30 und 19–22.30 Uhr | Pl. Weyler 1 | Mobiltel. 6 54 60 27 69 | factoria restaurant.com | €€*

SHOPPEN

CAN GARANYA 40

INSIDER-TIPP
Einladung zum Stöbern

Selbst wenn du gerade keinen Spazierstock und auch keine Hängelampe brauchst, musst du dieses Geschäft gesehen haben! Du findest eine Vielzahl von Alltagsgegenständen, die wenigsten aus Plastik. Hier gehst du bestimmt nicht ohne ein Souvenir raus. In derselben Straße betreibt die Familie zwei Schuhläden *(Hausnr. 30 und 51)*, im einen sind die trendigen Lederschlappen *aubarcas* und handgenähte Espadrilles zu haben, im anderen etwas schickere Schuhe und Handta-

schen. *Mo–Sa 9.30–13.30 und 17–20.30 Uhr | C/ Joan Lliteras 40 | Facebook*

RUND UM MANACOR

7 PORTO CRISTO

13 km von Manacor, 15 Min. Autofahrt
Der kleine Ort (7350 Ew.) östlich von Manacor ist hübsch anzusehen mit seiner runden Hafenbucht und dem *torrent,* auf dem Fischerboote und Yachten dümpeln. Berühmt ist Porto Cristo für die größten Tropfsteinhöhlen der Insel. Die *Coves del Hams (je nach Jahreszeit tgl. 10–16, 16.30 oder 17 Uhr, s. Website | Eintritt mit Digitalshow 21 Euro | cuevas-hams.com)* liegt am Ortseingang an der Straße von Manacor *(ausgeschildert)* und eifert mit einem geführten Rundgang, einer Show am kleinen unterirdischen See und einer virtuellen Jules-Verne-Show den größeren Drachenhöhlen nach. Die ⭐ *Coves del Drac (Mitte März–Okt. tgl. 10–17 Uhr jede volle Stunde außer um 13 Uhr, Nov.–Mitte März 10.45, 12, 14 und 15.30 Uhr | Eintritt 15,50 Euro | Ctra. Cuevas | cuevasdel drach.com | ⏱ 1 Std.)* mit ihren konstanten 21 Grad Celsius kannst du dir ebenfalls im Rahmen einer Führung ansehen. Dabei erlebst du auf dem größten unterirdischen See der Welt ein kitschig-schönes Touristenspektakel: Über den erst stockdunklen, dann allmählich beleuchteten See gleitet ein Boot mit Miniorchester. Danach dürfen auch die Besucher ein Stückchen mit dem Boot fahren. Da die Höhlen sehr stark besucht

In der Coves del Drac: Wie war das noch mit den Stalagmiten und den Stalaktiten?

werden, empfiehlt es sich, morgens frühzeitig oder am späten Nachmittag zu kommen. Anfahrt durch den Ort Porto Cristo, dann den braunen Schildern bis zum südlichen Ortsende folgen.

Äußerlich unscheinbar, versteckt sich in Porto Cristos zweiter Reihe ein kulinarisches Highlight: Das *Roland (Mo–Sa 13–15 und 18.30–22.30 Uhr | C/ Sant Jordi 5 | Tel. 9 71 82 01 29 | roland-res taurant.es | €€)* bietet beste internationale Küche mit mallorquinischem Touch (Strudel mit Blutwurst „Botifar-rons"!) und einen guten Service. ⌘ P8

8 COVA DES COLOMS
14 km von Manacor, 30 Min. Autofahrt
Groß wie eine Kathedrale ist die „Tau-benhöhle" mit ihrem Süßwassersee und den bizarren Tropfsteingebilden. Sie liegt unterhalb einer kleinen Land-spitze zwischen den Buchten Cala Falcó und Cala Varques und ist gut vom Meer aus zu erreichen. Die Tauchschulen *Skualo (Tel. 9 71 81 50 94 | skualo.com)* in Porto Cristo und Portocolom nehmen dich zu einem Halbtagesausflug *(Kos-ten 69 Euro)* mit aufs Boot. Neoprenan-zug und Taschenlampe werden dir für den Trip vom Anbieter gestellt.

Der Zugang zur Cova des Coloms ist ein-fach. Man muss nicht tauchen oder klet-tern können. Du kannst auch zur Höhle wan-dern und dich in dem unterirdischen See bei konstanten 18 Grad in Bikini oder Badehose erfrischen. Das Wasser ist so klar, dass man fast meint, gleich den Boden zu berühren. Doch der Eindruck täuscht gewaltig: Stellenweise ist der See 30 m tief. Touren durch diese märchenhafte Unterwelt bietet der klei-ne, sympathische deutsche Wanderver-anstalter *maryroc (Kosten 70 Euro | Tel. 9 71 94 09 41 | maryroc.de)* an. ⌘ O8

INSIDER-TIPP
Abtauchen in fantastische Unterwelten

9 CALES DE MALLORCA

18 km von Manacor, 25 Min. Autofahrt

Diese in den 1960ern entstandene und seitdem ständig erweiterte Hotelstadt mit mehr als 6400 Gästebetten liegt oberhalb mehrerer kleiner, an sich sehr schöner Sandbuchten, in denen es während der Hauptsaison im Hochsommer aber sehr eng werden kann. Außerdem sind die Wege von den Hotels in hinteren Reihen zu den Stränden sehr weit. Eine schön angelegte Uferpromenade und Grünanlagen ersetzen den fehlenden Ortskern. *O9*

SANT LLORENÇ/SON SERVERA

(O–P 6–7) **Die beiden Gemeinden Sant Llorenç (8300 Ew.) und Son Servera (11 300 Ew.) in der Serra de Llevant teilen sich die Küste zwischen dem Cap d'es Pinar und der Punta de Sa Roca.**

Beide Orte sind durch eine landschaftlich sehr schöne Straße (Ma4030) verbunden. In der unvollendeten neugotischen Kirche von Son Servera gibt es in der Sommersaison Folkloreveranstaltungen. Ein besonders schönes Fest feiert Son Servera im Februar: das Mandelblütenfest. *Fira de la flor d'Ametler* nennen es die Einheimischen und präsentieren u. a. Mandelprodukte aller Art: Mandelseife, -parfüm, -creme, -kuchen, -honig und natürlich viele blühende Zweige, die ihren süßen Duft verströmen. Das Ganze findet in der Ortsmitte in dem Herrenhaus *Ca s'Hereu* aus dem 13. Jh. statt, das du dir bei dieser Gelegenheit gleich ansehen kannst. Weitere Infos unter *visitcalamillor.com.*

SIGHTSEEING

SA PLETA FREDA

Direkt neben der Kirche in Son Servera zeigen zwei Unermüdliche seit 40 Jahren spannende Kunst. Die Galerie ist allein schon wegen ihrer turmartigen Bauweise sehenswert. *Di–Sa 18–21 Uhr | C/ Pleta Freda 2*

ESSEN & TRINKEN

ES PATÍ

Der „Patio" in Sant Llorenç ist eine kleine Oase für Genießer. Felix Eschrich zaubert in einem Dorfhaus Köstliches auf die Teller, nämlich ein täglich wechselndes Fünf-Gänge-Menü für 49 Euro mit Zutaten frisch vom Markt. *Mo–Sa ab 19 Uhr | C/ Soler 22 | Sant Llorenc | Tel. 971 83 80 14 | es-pati.com | €€*

RUND UM SON SERVERA

10 CALA BONA/CALA MILLOR

4 km von Son Servera, 10 Min. Autofahrt

Cala Bona und *Cala Millor* (6900 Ew.) sind etwas für alle, die Lust auf langen Strand und viele Aktivitäten haben. Die beiden ineinander übergehenden Badeorte verbinden ein etwa 3 km langer, feinsandiger Strand und eine schöne, allerdings lückenlos bebaute Flaniermeile. Die überwiegend Drei- und Vier-Sterne-Hochhaushotels sind fest in der Hand deutscher Reiseveranstalter. Die Doppelbucht ist zum Baden und auch wegen ihres Freizeitangebots ideal für Familien mit Kindern. Zahlreiche Bars und Discos wie das *Britannia*, *Sanddancers* und *Bananas* machen die Ecke im Sommer auch für junge Leute attraktiv. Die vielen Cafeterias sind auf deutsche Gäste eingestellt, etwa *Bei Petra (Do–Di | €)* an der Strandpromenade. Internationaler geht's in der *Migjorn Gastrobar (Mi–Mo 9.30–24 Uhr | Passeig Marítim 19 | Mobiltel. 682 44 41 72 | migjorngastrobar.com | €€)* zu. Mit Blick aufs Wasser kann man dort bis 12.30 Uhr frühstücken oder mittags und abends Kroketten, Schweinebäckchen, Burger probieren – alles frisch zubereitet. Auch Vegetarier werden fündig. 🛍 *P6–7*

🔟 SA COMA

6,5 km von Son Servera,
10 Min. Autofahrt

Durch die naturbelassene Felsnase Punta de n'Amer von Cala Millor getrennt, schließt sich der etwa 1 km lange, herrlich weiße Sandstrand von Sa Coma mit verkehrsfreier Promenade an. Das Hinterland ist zugebaut mit riesigen Hotelanlagen. Im Protur Hotel Sa Coma Playa hat der einst Michelin-gekürte Tomeu Caldentey sein Lokal. Von der Sterneküche hat der Mallorquiner aber erst mal die Nase voll und macht jetzt auf einfachen Koch: *Tomeu Caltentey Cuiner (C/ Liles | Tel. 971 56 96 63 | tomeucaldentey.com | €€)* eben. Mit den Preisen für seine feinen Speisen ist er auch runter. Er bietet Fünf- bis Zehn-Gang-Menüs für 39 bis 69 Euro an. Getafelt wird abends in zwei „Durchgängen": *Mi–Sa 20 und 22, Sa auch 13.30–16.30 Uhr.* 🛍 *P7*

Ben hat die Schwimmflügel, Mia ihre Sandschaufel? Auf zum Strand von Cala Millor

DER SÜDEN

SALZBERGWEISS TRIFFT BLAUSTES BLAU

Flach, weit und trocken ist Mallorcas Süden – und vor allem heiß. Er ist einer der Bereich der Insel, die mit den höchsten Temperaturen aufwarten.

Die Orte Llucmajor und Campos teilen das flache Land unter sich auf, Santanyí im Südosten hat mit seinem Gemeindegebiet noch Anteil an den Ausläufern der lieblichen Hügellandschaft der Serra de Llevant. Und dann ist da noch die Landwirtschaft, die einen ho-hen Stellenwert in der Region hat. Sie prägt das Bild, insbesondere

Huch, ist das nicht ein Karibikstrand? Könnte man meinen, ist aber Es Trenc auf Mallorca

um Campos mit seiner Vieh- und Milchwirtschaft. Die Strände von S'Estanyol, Sa Ràpita und Colònia de Sant Jordi wiederum mit ihrem herrlich weißen Sand und dem türkisblauen Meer sind von fast karibischer Schönheit und selbst im Herbst und Winter für ausgedehnte Spaziergänge wie gemacht. Auch die blaue Grotte auf der kleinen vorgelagerten Insel Cabrera, zu der regelmäßig Boote fahren, versetzt ziemlich in Erstaunen – und bietet das blauste Blau des Archipels.

DER SÜDEN

Randa

Son Verí

Cala Blava

Ma-19

Llucmajor
S. 110

1 Son Mut Nou

Maioris Dècima
Puig de Ros
Sa Torre

Badia Blava
Badia Gran

Tolleric

28 km, 30 Min.

23 km, 35 Min.

2 Capocorb Vell ★

Cala Pi

s'Estanyol
de Migjorn

Son Bieló

4

Platja de sa Ràpita ★

4

Es Trenc ★

Colònia de Sant Jord

MARCO POLO HIGHLIGHTS

★ **CAPOCORB VELL**
Eindrucksvolle Reste vom Leben vor
3500 Jahren ➤ S. 111

★ **ES TRENC/PLATJA DE SA RÀPITA**
Traumstrand, so weit du gucken kannst
➤ S. 113

★ **CALA FIGUERA**
Erlebe Fischerhafenromantik wie
nirgends sonst auf der Insel ➤ S. 116

★ **PARC NATURAL MONDRAGÓ**
Smaragdgrüne Badebuchten mit
naturgeschütztem Hinterland ➤ S. 117

★ **CABRERA**
Etwa zwei Stunden dauert die
Bootsfahrt zu der naturgeschützten
Inselgruppe ➤ S. 118

 Cabrera ★

Porreres

ESPAÑA

Felanitx

Cales de Mallorca

Ma-14

Campos
S. 111

Cas Concos
des Cavaller

es Carritxó

s'Horta

Cala Marçal

Artestruz

9 S'Alquería Blanca

Cala Ferrera
11 Cala d'Or

8,5 km,
1 Std. 40 Min.

11 Portopetro

Santanyí
S. 114

5 Balneario San Juan de la Font Santa
13 Salines d'Es Trenc

10 Parc Natural Mondragó ★

es Llombards

Son Moja

Ses Salines
S. 117

Cala Santanyí **7**

8 Cala Figuera ★

Cala Llombards

Cala S'Almunia **6**

6 Cala de Sa Comuna

Mar

Mediterrània

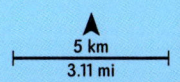

5 km
3.11 mi

LLUCMAJOR

(□□ J9) **Llucmajor (35 500 Ew.) ist in die Inselgeschichte eingegangen als der Ort, wo 1349 der letzte mallorquinische König, Jaume III., von den Truppen seines Vetters Pedro IV. von Aragonien getötet und damit das Ende des unabhängigen Königreichs Mallorca besiegelt wurde.**

Ein Denkmal auf der *Plaça Espanya* erinnert daran. Ein zweites in der Nähe *(Carrer Bisbe Taxaqet)* rühmt das wichtigste Handwerk der Stadt: die Schuhmacherei. Mittwochs, freitags und sonntags zeigt der Gemüsemarkt auf dem hübschen, autofreien Hauptplatz, wovon die Bewohner Llucmajors sonst noch leben. Wer mit dem Auto kommt, sollte es möglichst früh an der Hauptstraße abstellen und den Rest zu Fuß gehen. Wenn ihr schon mal unterwegs seid: Das Rathaus von Llucmajor bietet auf der Website *visitllucmajor.com/de* viersprachige Stadtspaziergänge sowie Rad- und Wanderrouten durchs Umland kostenlos zum Download.

ESSEN & TRINKEN

CAFÈ ARÀBIC

Seit 1994 gibt es hier, etwas versteckt in einer Ecke des großen Stadtplatzes, Tapas, belegte Brote *(llonguets)* und einfache mallorquinische Gerichte. Man sitzt gemütlich im Innenraum oder auf der Terrasse. *Mo–Sa 9–16 Uhr | C/ Constitució 4 | Tel. 9 71 12 10 01 | cafearabic.es | €€*

SHOPPEN

JUST SU AQUÍ

Wer schöne Mitbringsel made in Mallorca sucht, findet sie garantiert in diesem Lädchen. Darunter sind Gaumenkitzel und Kunsthandwerk. Das Angebot reicht von Gewürzen, Likören und Weinen bis hin zu Korbtaschen, Schmuck sowie Geschirr mit dem inseltypischen Zungenmuster. *Tgl. 10–13.30, Mo–Mi und Fr/Sa auch 17–20 Uhr | C/ del Bisbe Taixequet 81 | just-su-aqui.business.site*

MAYKA ZAPTERÍA 🐷

Schuhe kaufen, wo die Einheimischen shoppen. Hier bekommst du Schickes zu einem sehr günstigen Preis. *Mo–Fr 9.30–13.30 und 17–20 Uhr | C/ Obispo taixaquet 107*

RUND UM LLUCMAJOR

🟦 SON MUT NOU

9 km von Llucmajor, 15 Min. Autofahrt
Wie, du interessierst dich nicht für Feigen? Das wird sich ändern: mit einem Besuch auf der Feigenfinca. Ein mallorquinischer Apotheker lebt hier seine Leidenschaft. Rund 3000 Bäume hat er gepflanzt – mehr als 1300 Sorten aus der ganzen Welt. Warum sie so faszinierend sind, erfährst du bei einer Führung mit Powerpoint-Präsentation (auch auf Deutsch) und anschließender Verkostung. Im Spätsommer kannst du die süßen Früchtchen pro-

bieren, ansonsten versuchst du dich an anderen Produkten der Finca. Schließlich

stehen hier 21 verschiedene Spezialitäten zur Wahl: darunter Feigenbrot, Feigenkonfitüre, Feigenkaffee oder

sant sind die Ruine eines mehrstöckigen *talaiot* und die Vielzahl bis heute erhaltener Grundmauern dieser Wohn- und Wehranlage aus riesigen Steinquadern. *Fr–Mi 9–17 Uhr | Eintritt 3 Euro | talaiotscapocorbvell.com |* ⏱ *1 Std. |* 🗺 *H10*

Mmh, zum Anbeißen! Über 800 Sorten davon gibt es auf der Feigenfarm Son Mut Nou

-tee, sogar Feigenwein, -sekt und Feigenbier. Einzigartig! *Di, Do, Sa 8–13 Uhr | Eintritt frei, Gruppenführung nach Anmeldung 8 Euro pro Pers. inkl. Verkostung | Abfahrt 18 von der Ma-19 | Camí d'es Palmer | Mobiltel. 6 46 63 32 59 | sonmutnou.com |* ⏱ *1–2 Std. |* 🗺 *H9*

2 CAPOCORB VELL ⭐
13 km on Llucmajor, 20 Min. Autofahrt
Die wohl am besten erhaltene talayotische Siedlung Mallorcas geht bis in die Zeit um 1400 v. Chr. zurück. Impo-

CAMPOS

(🗺 K–L 9–10) **Campos mit seinen schnurgeraden Straßen wirkt normalerweise eher verschlafen. Doch an den Markttagen donnerstags und samstags wird es lebendiger.**
Der Ort soll schon in römischen Zeiten existiert haben. Die Straße zu den zur Gemeinde gehörenden Salinen und zu den Stränden an der Südküste flankieren Felder, auf denen *alfalfa* (Luzerne) und *tàperes* (Kapern) angebaut

Ruf einer Don Quijote! Bei Campos stehen noch alte Windmühlen

werden. Und die Vieh- und Milchwirtschaft macht Campos zu einer der Agrarhochburgen der Insel.

SIGHTSEEING

SANT JULIÀ
In der Pfarrkirche ist das beeindruckende Gemälde „Santo Cristo de la Paciencia" von Bartolomé Murillo (1618–82) zu sehen. Außerhalb der Messen kannst du die Kirche samstags zwischen 10 und 13 Uhr besichtigen.

ESSEN & TRINKEN

MOLI DE VENT
Mühlenfans werden begeistert sein von diesem bildschön restaurierten Restaurant in einer Mühle von 1873 mit Gartenterrasse, das seit einigen Jahren von einem deutschen Paar betrieben wird. Die beiden bieten im fast 150 Jahre alten Steingewölbe frische saisonale Küche mit Vorspeisen zwischen 8 und 12 und Hauptgerichten zwischen 15 und 27 Euro. *Do–Di 19–23 Uhr | C/ Nord 34 | Tel. 9 71 16 04 41 | moli-de-vent.com | €€*

SA CANOVA
Traditionelle Saisonküche mit exquisiten Zutaten. Der Fisch kommt aus balearischen Gewässern, Obst und Gemüse aus dem heimischen Garten. *Tgl. 13.15–15.45, Di–Sa auch 20.15–22.45 Uhr | Ronda Estació 18 | Tel. 9 71 65 02 10 | Facebook: restaurantsacanova | €€*

SHOPPEN

Jeden Samstagvormittag zeigt sich das Dorf von seiner charmantesten Seite. Dann kommen auf dem Marktplatz alle zusammen, die etwas zu verkaufen haben: Bauern, Kunsthandwerker, Trödler. Die Atmosphäre ist herrlich locker. Und so manche Kuriosität gibt es dort ebenfalls zu entdecken.

POMAR

Seit 1902 eine Institution auf der Insel; am meisten gekauft werden in dieser Bäckerei die *ensaïmadas, cocas* und die hausgemachten Pralinen. Und weil alles so lecker ist, kannst du gleich dort einen *café con leche* trinken und die Köstlichkeiten an Ort und Stelle genießen. *Tgl. 6.30–21 Uhr | C/ Plaça 20–22 | schräg gegenüber der Kirche | pomaronline.com*

NSIDER-TIPP
Zum Angewöhnen gut

RUND UM CAMPOS

3 ARTESTRUZ

7 km von Campos, 10 Min. Autofahrt
Auf der Straußenfarm bei Campos kommt ihr diesen besonderen Vögeln ganz nah: Ihr könnt Straußenjunge beobachten, Mutige dürfen die erwachsenen Tiere füttern. Ganz Unerschrockene reiten sogar auf einem Strauß (bis 50 kg Gewicht | Kosten 40 Euro, inkl. T-Shirt), zwei professioneller Begleiter sind stets dabei. Im Shop warten viele Straußensouvenirs. Fürs Familien-Omelette der etwas größeren Art gibt es frische Eier zu kaufen. *Tgl. 10.15–17 Uhr | Er-*

NSIDER-TIPP
Hoch zu Strauß

wachsene 12 Euro, Kinder 4–12 Jahre 7 Euro | Ctra. Llucmajor–Ses Salines, bei km 40 | artestruzmallorca.com | ☐ K10

4 ES TRENC/PLATJA DE SA RÀPITA ★ 🏊

11 km von Campos, 15 Min. Autofahrt
Karibikfeeling auf Mallorca. Die beiden fast unbebauten Naturstrände *Es Trenc* und *Platja de sa Ràpita* gehen nahtlos ineinander über. Es Trenc ist etwa 5 km lang und gilt als Mallorcas schönster Dünenstrand. Im Winter ist er wunderbar leer – besonders seitdem die Strandbars in den kühlen Monaten auf Anordnung der Gemeindeverwaltung abgebaut werden müssen. Dann sind ausgedehnte Strandspaziergänge in der Natur angesagt, frische Brise um die Nase inklusive.

Im Hochsommer allerdings kann es hier rappelvoll sein. Die kostenpflichtigen Parkplätze *(tgl. 9–21 Uhr | Tagesticket 7 Euro, Nachmittagsticket 4 Euro)* werden dann knapp. Damit du den Strandtag entspannt angehen kannst, parke am Yachthafen von Sa Ràpita. Ein kostenloser Bus fährt von dort zwischen 10 und 18.30 Uhr in regelmäßigen Abständen insgesamt elf Mal nach Es Trenc.

Stichwort entspannt: Im Restaurant S'Oratge (März–Sept. Di–So 12–23 Uhr, Okt. nur Di und Do–So, Nov.–Feb. geschl. | C/ Llevant 56 | Sa Ràpita | Tel. 9 71 64 05 89 | soratge.net | €) bietet ein junges Paar in chilliger Atmosphäre leichte Küche mit Gemüse, Fisch und Fleisch vom Grill. Mittags gibt's ein günstiges Menü, auch vegetarisch, abends kreative *Pa-amb-oli*-Spielereien und Cocktails. ☐ K11

5 BALNEARIO SAN JUAN DE LA FONT SANTA

10 km von Campos, 10 Min. Autofahrt
Mallorcas einzige Thermalquelle hat mit dem Kurhotel *Fontsanta (Ctra. Campos–Colònia San Jordi, bei km 8,2 | Tel. 9 71 65 50 16 | fontsanta hotel.com)* einen edlen Rahmen gefunden. Es bietet Wellness im Spa und Schlemmen im Restaurant *(tgl. | €€€)*, das marktfrische Zutaten verwendet. Das Gute: Auch Nichthotelgäste sind willkommen, sie zahlen für einen Tag im Spa inklusive Mittagessen 85 Euro. Unbedingt vorher reservieren! *L11*

SANTANYÍ

(M11) **Recht quirlig und bei Deutschen sehr beliebt ist die beschauliche Kleinstadt Santanyí (11 350 Ew.), in deren Gemeindegebiet traumhafte Sandstrände liegen.**
Der Ort mit seinen ockerfarbenen Sandsteinhäusern, der Fußgängerzone, vielen Läden, Bars und Restaurants lohnt einen Bummel, vor allem an Markttagen *(Mi und Sa).*

SIGHTSEEING

SANT ANDREU
In der großen Dorfkirche steht eine der am besten erhaltenen Barockorgeln Europas von dem berühmten Orgelbauer Jordi Bosch aus dem 18. Jh., sie gehört zu den größten in Spanien. Hör mal rein, wie gut sie in

Schuss ist: 🐷 Immer Mittwoch und Samstag um 12.30 Uhr gibt es gratis Kostproben.

ESSEN & TRINKEN

ANOA
Jeden Tag wird frisch gekocht mit Zutaten aus der Region. Koste unbedingt die Fischsuppe mit Safran, Aioli und hausgemachtem Brot! *Di–So 18–23 Uhr, Mitte Nov.–Mitte März geschl. | C/ de s'Aljub 32 | Tel. 9 71 65 33 15 | anoa-santanyi.com | €€–€€€*

SA BOTIGA
Schön verspielt auf mediterrane Art eingerichtet ist dieses Café-Restaurant unter deutscher Leitung direkt an der Kirche. Deinen Hunger kannst du dort zu jeder Tageszeit stillen, es gibt durchgehend warme Küche. *Tgl. 9–24 Uhr | Tel. 9 71 16 30 15 | sabotiga-santanyi.com | €–€€*

ES COC
Traditionelle mallorquinische Gerichte mit neuem Pfiff, sympathisch serviert in einem hübschen Stadthaus. Das dreigängige Tagesmenü schlägt mit 18,50 Euro in die Urlaubskasse. *Mo–Sa 13–15.30 und 19–22 Uhr | C/ Aljub 37 | Tel. 9 71 64 16 31 | restaurantescoc.com | €€*

SHOPPEN

ECOTECA/L'ARÇ NATURA
Lebe lieber nachhaltig: Immer mehr Mallorquiner wollen ökologisch konsumieren. Für diesen Wandel stehen diese beiden Bioläden. *L'Arç Natura*

(Mo–Sa 9.30–13 und Mo–Fr 16.30–
19.30 Uhr | C/ Bernat Vidal Tomàs 23)
verkauft frische Waren von der Insel,
in der *Ecoteca (Mo–Sa 10–14, Mo–Mi,
Fr auch 16.30–19.30 Uhr | C/ Centre 6)*
bekommst du außerdem Biokosmetik
und originelle Geschenke.

TRACES
Hier gibt es ungewöhnliche, er-
schwingliche Mode und Accessoires
von italienischen, französischen und
spanischen Labels. *Häufig wechseln-
de Öffnungszeiten s. Website | C/ Se-
bastià Vila 9–11 | traces-santanyi.com*

WOCHENMARKT
In der Fußgängerzone nahe der Pfarrkirche lädt mittwochs und samstags
der Wochenmarkt mit mallorquinischen Produkten zum Bummeln und
Stöbern ein. Dann haben auch die
umliegenden Boutiquen geöffnet.

RUND UM SANTANYÍ

⑥ CALA DE SA COMUNA/ CALA S'ALMUNIA
8 km von Santanyí, 15 Min. Autofahrt
Schönheiten zum Verlieben: Ein Fußweg *(etwa 20 Min.)* verbindet die bei
den Naturbuchten *Cala de Sa Comuna*
und 🐦 *Cala S'Almunia*.
Ohne Infrastruktur und
nicht so leicht zu fin-
den, sind sie vielleicht
die letzten vom Land
aus zugänglichen Strandparadiese

INSIDER-TIPP
Traumduo in Türkisblau

![Und wenn er nicht Feierabend hat, so triffst du ihn noch heute: Fischer in Cala Figuera](caption)

Und wenn er nicht Feierabend hat, so triffst du ihn noch heute: Fischer in Cala Figuera

der Ostküste. Zugang zur Cala S'Almunia über eine steile Treppe zum Meer (in der Ortskurve, links neben einem Privathaus). *M11–12*

7 CALA SANTANYÍ

3,5 km von Santanyí, 5–10 Min. Autofahrt

Die kleine, weißsandige Badebucht mit ihrem seichten Wasser ist ideal für Familien mit Kindern und alle, die das Schnorcheln lieben. *M11*

8 CALA FIGUERA ★

5 km von Santanyí, 10 Min. Autofahrt

Der südöstlich von Santanyi gelegene Ferienort hat zwar keinen Strand, dafür aber den idyllischsten Fischereihafen

der Insel. Spannend wird es immer werktags zwischen 15 und 17 Uhr, wenn die Fischer mit ihrem Fang vom Meer zurückkehren.

INSIDER-TIPP
Mallorca wie annodazumal

Vom Zugucken Hunger bekommen? Die *Bon-Bar (Di–So 10–24 Uhr | C/ Verge del Carme 27 | Mobiltel. 6 73 79 59 69 | €€)* thront direkt über dem Hafen mit Blick auf die ein- und auslaufenden Schiffe. Das *L'Arcada (Do–Di 12–22 Uhr | C/ del Carme 80 | Tel. 9 71 64 50 32 | €€)* mit Meerblick in der Fußgängermeile serviert u. a. frische Fischtapas. Das *Pura Vida (Frühstück 10–13, à la carte 13–22 Uhr | C/ Tomarinar 25 | Tel. 9 71 16 55 71 | pu ra-vida-mallorca.com* | €€–€€€) liegt am südlichen Ortsausgang des Fischerdörfchens auf den Klippen 15 m über dem Meer. Auf zwei Ebenen bietet es Restaurant, Bistro und Bar mit herrlichem Blick aufs Wasser. *N11*

9 S'ALQUERÍA BLANCA

5 km von Santanyí, 5–10 Min. Autofahrt
Halte unbedingt in diesem verträumten Nest an, setz dich am Minidorfplatz in die *Bar Nou (Mi–Mo 13–15 und 18.30–22.30 Uhr | Plaça de Sant Josep 20 | Tel. 9 71 53 00 05 | €–€€)* oder das Restaurant *Sa Plaça (Mi–Mo 13–23 Uhr | Plaça de Sant Josep 23 | Tel. 9 71 16 40 22 | €€)* und lass die Zeit verstreichen. *N10*

10 PARC NATURAL MONDRAGÓ ⭐

6 km von Santanyí, 15 Min. Autofahrt
Auf Initiative der Umweltschutzorganisation GOB wurde die *Cala Mondragó* unter Naturschutz gestellt. Die Umgebung der feinsandigen Bucht mit türkisblauem Wasser ist nur spärlich bebaut. Im Hochsommer kann es hier sehr voll werden! Die benachbarte *Cala S'Amarador* ist besser direkt von Santanyí aus anzufahren. Ein *Besucherzentrum (Mo–Fr 8–15 Uhr | Eintritt frei | Tel. 9 71 18 10 22)* informiert über den Naturpark, in dem seltene und vom Aussterben bedrohte Tierarten leben. Den Park kannst du zu Fuß oder per Rad durchstreifen. *N11*

11 CALA D'OR/PORTOPETRO

12 km von Santanyí, 15 Min. Autofahrt
Zwei fast zusammengewachsene Ferienorte im ibizenkischen Stil mit weiß enorme gekalkten, von Blumen umrankten Häusern. Während *Cala d'Or* eine perfekte touristische Infrastruktur aufweist, hat sich das Hafendorf *Portopetro* noch ein Stück Gelassenheit bewahrt.

Cala d'Or hat ein halbes Dutzend kleiner Strände. Am Hafen, in der simplen *Cafetería La Caracola (tgl. 7.30–24 Uhr | Passeig d'es Port 40 | Tel. 9 71 65 70 13 | lacaracolaportopetro. com | €–€€)* gibt es einfache Regionalküche. Fisch vom Feinsten und ein Sechs-Gänge-Degustationsmenü mit Hafenblick für 69,50 Euro bekommst du im *Port Petit (Mi–Mo 13–15 und 19–23 Uhr | C/ d'en Perico Pomar | Tel. 9 71 64 30 39 | portpetit.com | €€€). N11*

SES SALINES

(*L11*) **Das einst verschlafene Dorf Ses Salines (4860 Ew. inklusive aller verstreut liegenden Gehöfte) ganz unten im heißen Süden ist aus seinem Dornröschenschlaf erwacht.**

Der Ort profitiert vom Gold seiner feinsandigen, zum Teil naturgeschützten Strände, vom nahen Hotelort Colònia de Sant Jordi und von den Salzseen in der Umgebung. Auch das riesige Anwesen *S'Avall* der Bankiersfamilie March gehört zur Gemeinde.

An der Durchgangsstraße von Ses Salines gibt es mittlerweile einige gute Cafés und Restaurants wie das *Cassai (tgl. 11–24 Uhr | C/ Sitjar 5 | Tel. 9 71 62 97 21 | cassai.es | €€)*, außerdem schöne Läden zum Einkaufen.

SIGHTSEEING

BOTANICACTUS

Mit über 10 000 Kakteenarten aus aller Welt und einem ausgedehnten Mittelmeerbiotop rühmt sich die 50 000 m² große Anlage, Europas größter botanischer Garten zu sein. Tatsächlich hat sich der Park mit künstlichem See und Restaurant seit seiner Eröffnung 1989 zu einer erfrischenden Oase im heißen Süden entwickelt. *Tgl. April–Aug. 9–19, Nov.–Feb. 10.30–16.30 März und Sept./Okt 9–18 Uhr | Eintritt 10,50 Euro | am Ortsausgang in Richtung Santanyí (Ma6100) | botanicactus.com | ⏱ 1½ Std.*

ESSEN & TRINKEN

CA'N BONICO

Dieses mitten im Dorf gelegene Herrenhaus aus dem 13. Jh. wurde zum Nobelhotel umfunktioniert. Es gehört zu den ältesten Landgütern Mallorcas. Denn es geht auf die Zeit zurück, als König Jaume I. die Insel eroberte. Seine dicken Mauern boten damals den Einwohnern von Ses Salines Schutz bei Gefahr. Auch wer dort nicht übernachtet, kann urmallorquinische Atmosphäre mit modernem Touch schnuppern, schließlich bietet das Restaurant mit Terrasse feine Spezialitäten, darunter bestes Fleisch. *Tgl. 19–22 Uhr | Plaça San Bartolomeu 8 | Tel. 9 71 64 90 22 | hotelcanbonico.com | €€–€€€*

RUND UM SES SALINES

🔟 COLÒNIA DE SANT JORDI

6 km von Ses Salines, 10 Min. Autofahrt

Es ist nicht besonders schön, dieses Touristen- und Zweitwohnsitzzentrum nahe Ses Salines. Aber der kleine, bunte Hafen, der ist romantisch. Und man kann von hier aus zu Fuß die unbebauten Strände *Es Dolç* und die weiter südostwärts gelegenen, herrlichen Strände *Es Carbó* und *Ses Roquetes* erreichen. Gutes Essen kocht eine junge Mallorquinerin mit viel Leidenschaft im Restaurant *Sal de Cocó (Mi–Mo, warme Küche 12.30–15 und 18–23 Uhr | Moll de Pescadors | Tel. 9 71 65 52 25 | restaurantsaldecoco. com | €€)* am Hafen. Die Karte wechselt jeden Monat, alles ist marktfrisch. Besonders lecker: die Gerichte mit fangfrischem Fisch. Bremse dich beim Hauptgang trotzdem ein bisschen, damit Platz fürs Dessert bleibt.

Der Hafen ist Ausgangspunkt für schöne Ganztagesausflüge mit dem Schiff nach ⭐ *Cabrera*. Auf der naturgeschützten Inselgruppe gibt es neben einer Burg viele Pflanzen- und Tierarten, die nur hier zu finden sind. Ein Ausflug mit *Excursions a Cabrera (Tel. 9 71 64 90 34 | excursionsacabrera.es)* kostet ab 35 Euro und schließt ein Bad in der Blauen Grotte – Capri lässt grüßen! – und die Burgführung mit ein. Wenig Zeit? Dann wirf stattdessen einen Blick durchs Schaufenster in die Unterwasserwelt von Cabrera: Im *Besu-*

Nicht täuschen lassen, die schneeweißen Kuppen von Es Trenc sind Salzberge

cherzentrum des Nationalparks (tgl. 10–14 und 15–18 Uhr, Juni–Sept. 10–19 Uhr, Dez./Jan. geschl. | Eintritt 8 Euro | C/ Gabriel Roca | cvcabrera.es | ⏱ 1½ Std.) am Ortsende tauchst du trockenen Fußes ab – mit dem Panoramalift ins Meerwasseraquarium – und schaust den Barrakudas in die Augen. Anschließend geht's rauf auf den Aussichtsturm. Aber nicht zu schnell nach oben hechten, unterwegs lohnt der Blick auf das maritime Wandmosaik! 🗺 K11

INSIDER-TIPP
Auge in Auge mit den Barrakudas

🔢 SALINES D'ES TRENC

7 km von Ses Salines,
10 Min. Autofahrt

Schneeweiße Berge mitten im offenen Flachland des Inselsüdens? Das ist keine Fata Morgana, sondern eine jahrhundertealte Saline. Ihre hohen Salzberge sind schon von Weitem zu erkennen. Erlebe im Sommer das Farbenspiel aus rosa Wasser, weißen Salzbergen und blauem Himmel auf dem Gelände an der Landstraße nach Es Trenc. In der kalten Jahreszeit lassen sich hier viele Zugvögel nieder, Flamingos staksen von August bis April durchs Wasser. Im Sommer darfst du bei der Salzernte zusehen – Hut und Sonnenbrille nicht vergessen!

In der Bar bekommst du Kaffee, Eis, Sangría – und im Shop neben Ölen und Essig auch Salzspezialitäten.

Führungen (auch auf Deutsch) Mo/Di und Do–So 10, 11.45, 13, 15.30, 16.45, 18, Mi 11, 13, 15.30, 16.45, 18 Uhr | 8 Euro | Ctra. Campos–Colònia de Sant Jordi, bei km 8,5 | Tel. 9 71 65 53 06 | salinasdestrenc.com | 🗺 K11

DIE INSELMITTE

ALLTAG ERLEBEN

Es Pla, die Ebene, heißt das fruchtbare Inselinnere. Die einstige Kornkammer Mallorcas geriet mit Beginn der 1970er-Jahre in eine Krise. Doch inzwischen hat die Inselmitte mit Biolandwirtschaft, Handwerk und Weinanbau eine neue Identität gefunden. Hervorragende Weine werden heute in Bodegas in Petra *(Miquel Oliver, Can Coleto)*, Algaida *(Can Majoral)* oder Porreres *(Mesquida Mora, Can Feliu)* gekeltert. Für einige der hier ansässigen Landwirte heißen seit Ende der 80er-Jahre die Zauberwörter *agroturisme* und

Wein lautet in Binissalem das Stichwort

turismo rural. So wurde schon mancher Bauer nebenbei zum Hotelier. Die leicht hügelige Landschaft wird durchkreuzt von schmalen Asphaltstraßen. Alle Dörfer sind gut miteinander verbunden. Ausgediente Brunnen, schöne Wegkreuze und Pfarrhäuser sind ebenso zu entdecken wie Kapellen, Einsiedeleien und Klöster. Die ausgebaute Ma15 von Palma nach Manacor ist zwar stark befahren, geht aber mit ihren lohnenden Ausflugszielen bei Algaida, Montuïri und Vilafranca fast als Ferienstraße durch.

DIE INSELMITTE

Caimari

Selva

Mancor
de la Vall

Orient

Biniamar

Lloseta

Inca
S. 124

Alaró **3**

2 Binissalem

ESPAÑA

Consell

Ma-13

Santa Maria del Camí

23 km, 30 Min.

Sencelles
S. 126

Biniali

Cas Canar

es Caülls

Es Figueral - Can Farineta

Sant Marçal

Pòrtol

Santa Eugènia

Pina

s'Hostalot

MARCO POLO HIGHLIGHTS

★ **MARKT VON SINEU**
Immer wieder mittwochs: Shopping auf
Mallorcas größtem Wochenmarkt
➤ S. 127

★ **PUIG DE RANDA**
Traumblick vom einzigen Tafelberg der
Insel ➤ S. 129

★ **ELS CALDERERS**
Tiefer Einblick für Jung und Alt in das
Gutsherrenleben von einst ➤ S. 131

★ **ERMITA DE BONANY**
Besuch bei einer bäuerlichen Madonna
und Fernblick aufs Herz der Insel ➤ S. 133

Algaida
S. 128

Randa

es Pil·larí

Ses Cade
Bellavist

Son Verí

Llucmajor

Cala Blava

Ma-19

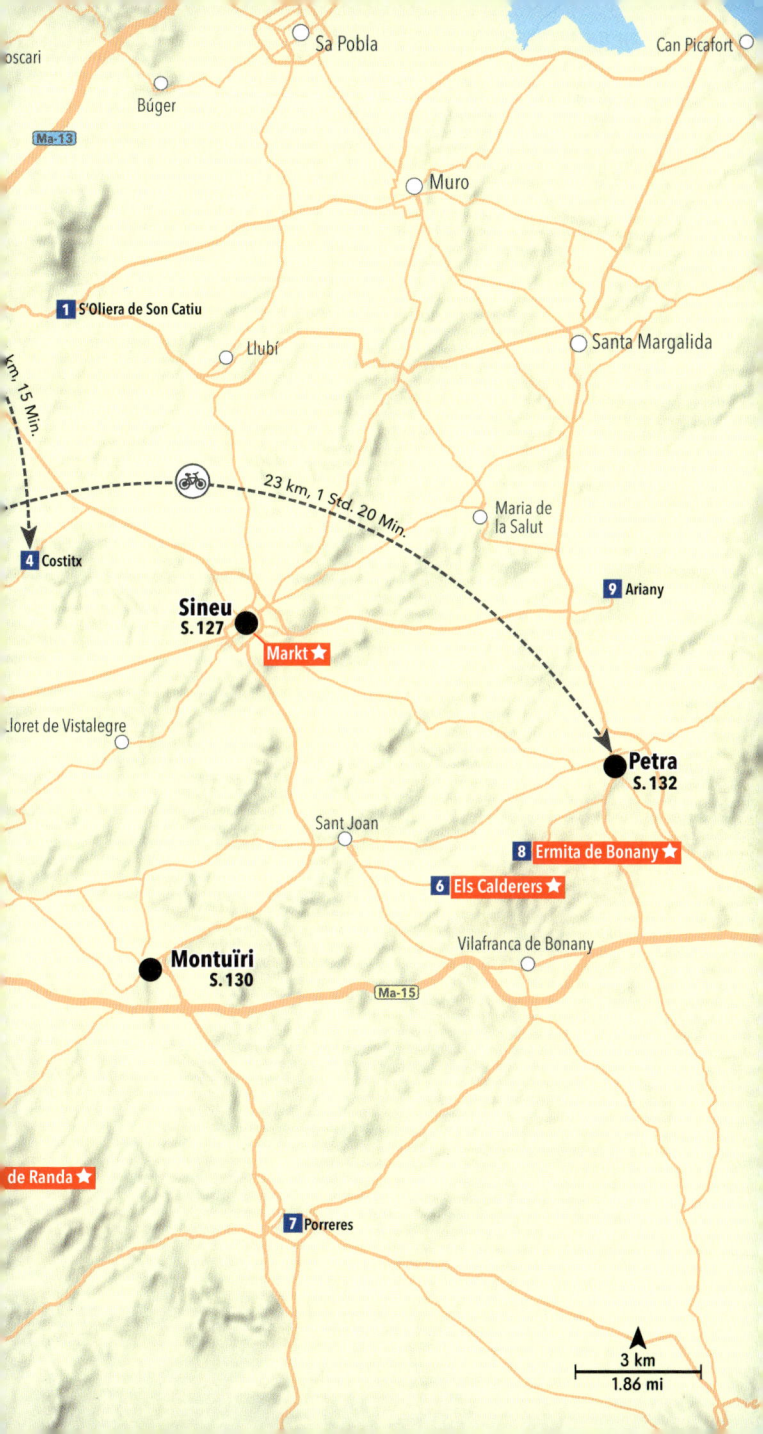

Sa Pobla

Can Picafort

oscari

Búger

Ma-13

Muro

1 S'Oliera de Son Catiu

Llubí

Santa Margalida

km, 15 Min.

23 km, 1 Std. 20 Min.

Maria de la Salut

4 Costitx

9 Ariany

Sineu
S.127

Markt ⭐

Lloret de Vistalegre

Petra
S.132

Sant Joan

8 Ermita de Bonany ⭐

6 Els Calderers ⭐

Montuïri
S.130

Vilafranca de Bonany

Ma-15

de Randa ⭐

7 Porreres

3 km
1.86 mi

INCA

(▢ J5) **Inca, Mallorcas viertgrößte Gemeinde (31 250 Ew.), ist interessanter als sein Ruf.**

So unschön die Stadt ausfranst, im Zentrum mit Fußgängerzone, begrünten Plätzen und einigen guten Bars hat sich viel zum Positiven verändert. Das gilt besonders zwischen der von Cafés gesäumten Plaça Santa Major und dem Rathausplatz. Inca ist seit der katalanischen Eroberung ein Zentrum der Schuhmacherzunft und auch heute noch für seine Lederwarenfabriken bekannt; ihre Geschäfte liegen jedoch alle außerhalb des Stadtzentrums.

So wird ein Schuh draus: In Inca versteht man was von schnieken Sohlen

In der weiträumigen Fußgängerzone der Innenstadt locken gute Bäckereien. Lohnend sind die *cellers*, Kellerlokale mit deftiger Lokalküche. Der Wochenmarkt am Donnerstag ist zwar einer der größten der Insel, jedoch sehr touristisch. Ein besonderes Ereignis ist jedes Jahr der *Dijous Bo*, die große Herbstmesse am zweiten Donnerstag im November. Dann steht die Stadt regelrecht kopf, und mit dem Auto hast du keine Chance, einen Parkplatz zu finden.

ESSEN & TRINKEN

CELLERS

Der berühmteste und teuerste *celler* ist der hübsche *Can Amer (tgl. 13–16, Mo–Sa auch 19–23 Uhr | C/ Pau 39 | Tel. 9 71 50 12 61 | celler-canamer.es | €€)*. Sehr original wirkt *Sa Travessa (Sa–Do 13–16 und 19–23 Uhr | C/ de sa Murtra 16 | Tel. 9 71 50 00 49 | €€)* mit Patio, stilecht *Can Ripoll (Di–So 12.30–15.30, Di–Sa auch 19.30–23 Uhr | C/ Armengol 4 | Tel. 9 71 50 00 24 | restaurantcanripoll.com | €€)* mit mittleren Preisen. *Can Marrón (Mo–Sa 12.30–15.30 und 20–23 Uhr | C/ Rector Rayo 7 | Tel. 9 71 50 41 60 | €)* bietet echte Traditionsküche, du sitzt auch hier neben alten Weinfässern.

SA FÁBRICA

In der Fábrica Ramis, einer ehemaligen Lederfabrik, befindet sich heute neben einem Kulturzentrum ein supermodernes Restaurant im Loftstil. Dort kocht mit dem deutschen Marcel

INSIDER-TIPP
Kochlöffelheld in cooler Fabrik

Reß einer der besten Jungköche Spaniens. Das Drei-Gang-Mittagsmenü kostet 16,50 Euro. *Di–Sa 13–15.30 und 19.30–22.30 Uhr | Gran Vía de Colón 28 | Tel. 9 71 41 25 07 | safabrica. es | €–€€*

SHOPPEN

Asinca, Camper, Farrutx, Lotusse und *Munper* heißen die Lederwarenfabriken, die ihre Ware an der Carretera Palma–Inca anbieten. Da kann man Kult- und handgefertigte Edelschuhe sowie Lederjacken zu einem günstigen Preis erstehen. Für die ausgiebige Shoppingtour unbedingt ins verkehrsberuhigte Zentrum rund um den Marktplatz am Carrer Pau gehen: Dort gibt's mehr als 200 Geschäfte zu entdecken.

RUND UM INCA

1 S'OLIERA DE SON CATIU

5,5 km von Inca, 10 Min. Autofahrt
Zu der hochmodernen *tafona* (Ölmühle) gehört ein großes Restaurant, in dem hervorragende *pa amb olis (6–14 Euro)* mit bestem hauseigenen Öl angeboten werden, u. a. sogar mit Tintenfisch! Dazu kann man dort mallorquinische Produkte erstehen. Lust auf eine Olivenöl-Verkostung? Dazu hast du jeden Samstag von 12 bis 14 Uhr Gelegenheit. Du probierst unter fachlicher Anleitung fünf verschiedene

INSIDER-TIPP
Mach die Ölprobe

Olivenöle. Eine Führung durch die Ölmühle auf Deutsch gehört ebenfalls dazu. *Kosten 25 Euro pro Pers., Anmeldung und Infos unter oliven werkstatt.com. | Ctra. Llubí–Inca am Rondell (Ctra. Muro) | Tel. Restaurant 9 71 87 46 02 | soncatiu.com |* 🗺 *K6*

2 BINISSALEM

6 km von Inca, 10 Min. Autofahrt
Das Gebiet rund um den hübsch restaurierten Ort (8100 Ew.) war die erste Region Mallorcas, deren Weine die Ursprungsbezeichnung „Denominació d'Origen" trugen. Die größte Bodega hier ist die *Bodega José L. Ferrer (Tel. 9 71 51 10 50 | vinosferrer.com)* an der Straße nach Palma. Nach telefonischer Anmeldung kannst du an Führungen *(Eintritt 17 Euro pro Pers.)* durch Keller und Weinfelder teilnehmen. Eine Verkostung mit Käse aus Menorca, mallorquinischen Keksen sowie Biokonfitüre, hergestellt übrigens aus den Trauben der Bodega, ist inbegriffen. 🗺 *H5*

3 ALARÓ

11 km von Inca, 15 Min. Autofahrt
Ein gemütliches, von Gärten und Mandelbaumhainen umgebenes Dorf (5300 Ew.) arabischen Ursprungs. Es war die allererste Gemeinde auf Mallorca, die über Elektrizität verfügte: Das war im Jahr 1901.
Mittelpunkt von Alaró ist der Marktplatz mit Rathaus, Bars und der Bäckerei ▸ *Ca na Juanita* (von 1910), die ihren guten Ruf den leckeren *ensaïmadas* verdankt. Und während die Händler samstags (Markttag!) draußen im Freien ihre Waren

Trubel gibt's anderswo, das Castell d'Alaró liegt einsam am Berg

anpreisen, ertönt in der Kirche ☞ *Sant Bartomeu* um 12.30 Uhr die beeindruckende Orgel aus dem Jahr 1758 – ein kostenloser Musikgenuss! Fans zeitgenössischer Kunst sollten in der *Galerie Addaya (C/ Alexandre Rosselló 10 | addaya-art.com)* vorbeischauen. Sehr schöne, kostenlose Ausstellungen zeigt auch das Kulturzentrum der Gemeinde, *Casal Son Tugores (ajalaro.net)*.

Der Berggasthof *Es Verger (Di–So 10–20 Uhr | Camino del Castillo de Alaró s/n Tel. 9 71 18 21 26 | €)* oberhalb von Alaró ist berühmt für seine Lammschulter und seine Schnecken, die man in einer urigen Kaminstube genießt. Dazu schmeckt einfacher Landwein. Wer die kurvige Serpentinenfahrt dorthin nicht vergeblich machen möchte, sollte am Wochenende auf jeden Fall reservieren! Vom Wirtshaus lohnt sich die etwa einstündige Wanderung zum *Castell d'Alaró (tgl. | Tel. 9 71 94 05 03 | €)* auf 822 m. Dort bekommt man ebenfalls etwas zu essen. Es gibt zwar kein üppiges Angebot – die Lebensmittel werden per Esel hinauftransportiert –, aber ein *pa amb oli* oder traditionelles Gebäck ist fast immer zu haben. 📖 *G–H5*

SENCELLES

(📖 *J6*) **Den Charme der Region im Westen des Pla machen die vielen gut restaurierten Weiler rund um Sencelles (3150 Ew.) aus.**

In Sencelles selbst, dem Dorf der Dörfer, haben Dudelsackbau und Feigenzucht bis heute Tradition. Ein schöner, mallorquinischer, herrlich unaufgeregter Ort mit imposanter Kirche, vor der jeden Samstagvormittag ein Mini-Markt aufgebaut ist. Idyllischer geht's nicht.

ESSEN & TRINKEN

SA CUINA DE N'AINA

Ein Familienbetrieb, in dem Mutter Aina zusammen mit ihrer Schwiegertochter Laura die Küche schmeißt und Sohn David als Sommelier und Maître mitkellnert. Das Spanferkel ist besonders lecker. *Tgl. 19.30–22.30, Mi–So auch 12.30–15.30 Uhr, Okt.–Mai Mo-Abend und Di geschl. | C/ Rafal 31 | Tel. 9 71 87 29 92 | sacuinadenaina.com | €€*

RUND UM SENCELLES

4 COSTITX

5 km von Sencelles, 10 Min. Autofahrt
Das hübsch auf einer Anhöhe gelegene Dorf (1250 Ew.) wurde 1894 berühmt durch den Fund dreier bronzener Stierköpfe aus talayotischer Zeit. Die archäologische Fundstätte *Son Corró (jederzeit frei zugänglich | aus Richtung Sencelles links vor dem Ortseingang)* ist heute noch zu besichtigen. Die fast modern anmutenden, schnörkellos-schlichten *Caps de Bou* aber befinden sich im Museu Arqueológico Nacional in Madrid.
Nicht weit von Son Corró entfernt steht im mallorquinischen Niemandsland die einzige Sternwarte der Balearen, das *Observatori Astronòmic de Mallorca (Eintritt 10 Euro | Camí de Son Bernat, ausgeschildert | Mobiltel. 6 49 99 77 52*

oder 6 95 07 33 12 | oamreservas@ gmail.com). Das Observatorium wartet im Sommer freitags und samstags um 20 Uhr, im Winter um 19 Uhr auf deinen Besuch *(Öffnungszeiten können sich ändern, vorher anrufen).* Immer wieder gibt's auch interessante Spezialveranstaltungen, etwa zum Sternschnuppenregen im August *(Noche de las Perseidas).* Da bleiben bestimmt keine Wünsche offen ... ▥ *K6*

SINEU

(▥ K–L6) **Von allen Dörfern der Inselmitte ist Sineu (3300 Ew.) das bekannteste. Das liegt an dem jeden Mittwoch stattfindenden ⭐ Markt, der seit 1306 existiert und Mallorcas größter Wochenmarkt ist.**
Am besten ganz früh am Morgen herkommen, bevor die Touristenbusse eintreffen. Das Besondere: Du kannst mallorquinische Tierrassen sehen, vom schwarzen Schwein über rote Schafe bis hin zu Hühnern und stattlichen Hähnen – oder Welpen von den quicklebendigen kleinen Rateros oder dem Ca de Bestiar, einem großen, dunklen Hütehund. Doch Sineu ist viel mehr als nur Markt: Talayotisch-römischen Ursprungs, später einer der sechs arabischen Hauptorte, wurde es im Mittelalter Residenzstadt König Jaumes II.

SIGHTSEEING

MARE DE DEU DELS ANGELS

Eine breite Freitreppe führt hinauf zu der wuchtigen Kirche, die im Innern filigran wirkt. Ein geflügelter Bronzelöwe bewacht die Kirche mit ihrer Marienfigur aus dem 16. Jh. und das Pfarrhaus, die *Casa Rectoral (Mi zur Marktzeit von ca. 8–13.30 Uhr),* in der an die 800 Keramiken aus dem 12./13. Jh. ausgestellt sind.

ESSEN & TRINKEN

CELLER ES GROP
Ein kleiner, sehr uriger, einfacher *celler* mit freundlichem Service. *Di–So 9.30–16 und 19–24 Uhr | C/ Major 18 | in der Fußgängerzone | Tel. 9 71 52 01 87 | €*

CELLER SON TOREO
Der Celler Son Toreo ist schnörkellos und authentisch. Das gefällt auch vielen Einheimischen, die gern herkommen. *Di–So 9–16 und 19.30–23 Uhr | C/ Son Torelló 1 | Tel. 9 71 52 01 38 | €*

DAICA
Ausgezeichnetes Restaurant in dem kleinen Hotel neben der Kirche im 7 km entfernten Nachbardorf Llubí. David Ribas und Caterina Pieras zaubern dort Marktfrisches auf die Teller. Schöner Innenhof. *Mi–Mo 19.30–22 Uhr | C/ de la Farinera 7 | Mobiltel. 6 86 00 16 04 | daica.es | €€*

ALGAIDA

(□ J7) **Einheimische wie Touristen nehmen von der größten Gemeinde des Pla (5430 Ew.) vor allem die vielen Restaurants an der Ma15**

wahr, denn Algaida gilt als „Fressstädtchen".
Die Lokale mit guter mallorquinischer Küche setzen die Tradition der Einkehr aus Postkutschenzeiten fort. Der eigentliche Ort ist eher schlicht.

SIGHTSEEING

VIDRIOS DE ARTE GORDIOLA ⚑
Die älteste Glasbläserei auf Mallorca existiert bereits seit dem Jahr 1719. Bei einem Besuch kannst du nicht nur das angeschlossene Glasmuseum besichtigen, sondern auch den Glaskünstlern bei der Arbeit zuschauen. *Schau-Fabrik Mo–Fr 9.30–13.30 und 15–18.30, Sa 9–12 Uhr, Museum/Shop Mo–Sa 9–18.30, So 9.30–13.30 Uhr | Eintritt frei | am westlichen Ortsausgang an der Ma15, bei km 19 | gordiola.com*

ESSEN & TRINKEN

CAL DIMONI
Riesig, rustikal und sehr mallorquinisch: ein Oldie unter den Lokalen Algaidas. Sonntags ist es aber häufig übervoll! *Do–Di 12–24 Uhr | Ma15, bei km 21 | Tel. 9 71 66 50 35 | restaurante caldimoni.com | €€*

HOSTAL D'ALGAIDA ⚑
Gemütliche Mischung aus Restaurant und Laden mit eigenen Produkten, regionaler Küche, gepflegtem Ambiente. Hier solltest du unbedingt das *pa amb oli* probieren – mit Schinken, Käse, eingelegtem Meerfenchel, Kapern und Oliven. *Tgl. 8–24 Uhr | Ma15, bei km 21 | Tel. 9 71 66 51 09 | €–€€*

RUND UM ALGAIDA

5 PUIG DE RANDA ⭐

5 km von Algaida, 10 Min. Autofahrt
Mallorcas einziger Tafelberg ist mit 542 m die höchste Erhebung des Pla. Im am Fuß des Bergs gelegenen Dorf *Randa* (110 Ew.) lohnt einen Spazier-

1 km bergauf liegt das *Santuari de Sant Honorat,* Ende des 14. Jhs. gegründet und noch heute von Mönchen bewohnt. Zugänglich ist hier aber nur die Kapelle aus dem 17. Jh. Radarmasten auf der Bergkuppe trüben zunächst das große Aha-Erlebnis der Gipfelstürmer. Man wird jedoch durch einen tollen Weitblick von der Terrasse des *Santuari de Nostra Senyora de Cura* auf der Bergspitze

Heiße Ware: Bei Gordiola werden seit 300 Jahren Glaskunstwerke gezaubert

gang durch die kopfsteingepflasterten Gassen. Oberhalb von Randa führt die Bergstraße zunächst zum *Santuari de Nostra Senyora de Gràcia,* dem untersten von drei Klöstern. Die verlassene Einsiedelei aus dem 15. Jh. mit weitem Blick über die Ebene von Llucmajor bis zum Archipel von Cabrera wurde restauriert, der Sandsteinfelsen befestigt, Parkplätze angelegt. Gut

entschädigt. Es ist das kulturgeschichtlich bedeutendste der drei Klöster, zog sich doch 1263 Ramón Llull (s. S. 19) hierher zurück, nachdem er sein genusssüchtiges Leben am mallorquinischen Königshof aufgegeben hatte. Im Grammatiksaal der alten Schule von Cura auf dem Berg ist denn auch ein *Ramón-Llull-Museum* (tgl. 10–13.30

und 15–18 Uhr, Nov.–Mitte Feb. bis 17 Uhr | Eintritt 5 Euro) untergebracht.

INSIDER-TIPP
Kräuter zum Trinken

Probier in der Cafeteria den *Licor Randa,* einen Kräuterlikör, den es nur hier oben gibt! Essen und übernachten auf die einfache Tour kannst du in den 33 ehemaligen Klosterzellen (Tel. 9 71 12 02 60 | €). ⌑ J8

MONTUÏRI

(⌑ K7) **Hübsch anzusehen ist Montuïri (2830 Ew.), ein lang gestrecktes Hügeldorf arabischen Ursprungs mit mächtiger Pfarrkirche und 19 Mühlentürmen, die von langer landwirtschaftlicher Tradition zeugen.**

Heute hat der Ort seiner Rebhuhnzucht wegen Bedeutung. Außerdem verlegte 1995 die berühmte Perlenfabrik *Perlas Orquídeas* einen ihrer Standorte hierher. Ein Spaziergang rund um die *plaça,* auf der montags der Wochenmarkt stattfindet, führt vorbei an gut erhaltenen Hausfassaden, Brunnen, Wegkreuzen und Mühlen sowie an der ausladenden Freitreppe vor der Pfarrkirche *Sant Bartomeu* aus dem 16.–18. Jh. Wenn du für den Rundgang etwas Lesefutter brauchst, kannst du dir im Rathaus an der Plaça Major kostenlos eine viersprachige Broschüre (u. a. in Deutsch) abholen.

Du möchtest noch tiefer ins Dorfleben eintauchen? Die Gemeindeverwaltung bietet auch Führungen in deutscher Sprache an, die an der talayotischen Siedlung *Son Fornés* starten und einen Besuch im Museum einschließen, bevor es dann weiter durch das Dorf geht. Dabei wird auch ein typischer *celler* besichtigt, ein traditionelles Haus sowie eine Mühle von innen. Bei dem Spaziergang erfährst du jede Menge über die Geschichte des Getreidemahlens seit dem 2. Jh. v. Chr. *Gruppen ab 8 Pers. 10 Euro pro Pers., auf Anfrage auch Touren für kleinere Gruppen ab 4 Pers., dann 12 Euro je Teilnehmer | rechtzeitige Anmeldung unter Tel. 9 71 64 41 69 erforderlich*

ESSEN & TRINKEN

SON BASCOS

Bekannt ist das Lokal für seine Rebhuhn-Spezialitäten, die *cordoniz* – oder auf Katalanisch *guàtleres.* Im Sommer sitzt man im Garten. *Mi–Mo 20–23.30, So auch 13–15.30 Uhr | Camí Son Rubí | Tel. 9 71 64 61 70 | son-bascos.business.site | €*

HORTELLA D'EN COTANET

Zwischen Montuïri, Sant Joan und Vilafranca liegt dieses große Ausflugslokal. Die Betreiberfamilie bereitet mallorquinische Gerichte zu, und während du auf der Terrasse aufs Essen wartest, kannst du den Blick über Felder und Wälder schweifen lassen. Im Sommer werden abends Jazzkonzerte auf der Wiese gespielt. *Juni–Okt. Di–So 13–23 Uhr, sonst Öffnungszeiten s. Website | Ctra. Palma–Manacor, Ausfahrt 34 | 8 km von Montuïri, 10 Min. Autofahrt | Tel. 9 71 83 21 43 | hortelladencotanet.com | €*

Hübsche Hügellage! Montuïri macht Landlust

RUND UM MONTUÏRI

6 ELS CALDERERS ⭐

7 km von Montuïri, 10 Min. Autofahrt
Wie ein Schloss kommt es daher, das Herrenhaus mit Hauskapelle, Stallungen, Weinkeller, Gesindekammern und noblen Salons. Du bekommst eine Vorstellung davon, wie das Feudalleben früher war, wenn du in den mehr als 300 Jahre alten Mauern umherspazierst, der Hausmusik einer fein gewandeten Dame am Klavier lauschst und die Mallorca-typischen schwarzen Schweine anschaust. Im Winter kannst du bei einer Falkenshow die Greifvögel aus unmittelbarer Nähe erleben. *April–Okt. 10–18, Nov.–März 10–17 Uhr | Eintritt 9 Euro | östlich von Montuïri bei Sant Joan an der Ma15, bei km 37 (ausgeschildert) | els calderers.com | ⏱ 2 Std. | 🗺 L7*

7 PORRERES

8 km von Montuïri, 10 Min. Autofahrt
Breite Zufahrtsstraßen haben den kleinen Ort (5250 Ew.) bequemer erreichbar gemacht. Besonders dienstags, wenn Markt ist, lohnt sich die Fahrt. Nicht verpassen: die bemerkenswerte Ausstellung zeitgenössischer Kunst im alten Krankenhausgebäude, dem *Museu i Fons Artístic (Di, So 11–13, Fr/Sa 11–13 und 18–20, im Sommer 19–21 Uhr | Eintritt frei | C/ d'Agustí Font | ⏱ 1–1½ Std.)*. Unter den 300 Objekten sind zwei Dalís! Eindrucksvoll sind auch Fensterrose und Glockenturm der Pfarrkirche am Marktplatz. Gleich daneben liegt das *Centro (Di–So 13–15.30 und 19–23 Uhr | Tel. 9 71 64 75 47 | €)*, einst Theater, heute rustikales Restaurant.

Porreres lebt heute wieder vom Wein. Dort kannst du die Bodega *Mesquida Mora (Camí Pas des Frare | Mobiltel. 6 87 97 14 57 | mesquidamora.com)* besuchen, in deren Weingärten keine chemischen Pestizide und Dünger verwendet werden. Frag im Sommer nach den Konzerten in den Weinfeldern, die Winzerin Bàrbara Mesquida organisiert. Und wenn du Lust hast, dir einen Öko-Bauernhof mit Weinbau anzugucken und viel vom authentischen Leben auf Mallorca mitzubekommen, dann geht das immer freitags bei *Can Feliu (März–Nov. | Camí de Sa Serra, bei km 1,2 | bodegacanfeliu.com).* Nach einem Rundgang durch die Bodega werden biodynamische Tropfen verkostet. Und ein Barbecue gibt's dazu *(Preis 34 Euro).* Wer sich von Winzer Carlos seinen eigenen Wein mit eigenem Etikett keltern lassen will, kann das dort ebenfalls machen. 📖 *L8*

INSIDER-TIPP
Mallorca-Feeling im Glas

PETRA

(📖 *M6–7*) **Die Gassen des verschlafenen Dorfs Petra (2800 Ew.) wurden unter Jaume I. schachbrettartig angelegt.**

Petra, das die arabischen Gründer in Anlehnung an die jordanische Schwester „Die Strahlende" nannten, steht ganz im Zeichen seines berühmtesten Sohns Fra Juníper Serra. Der 2015 von Papst Franziskus heiliggesprochene Franziskanermönch gründete in Kalifornien 21 Missionsstationen, aus denen sich später Millionenstädte wie San Francisco und Los Angeles entwickelten.

SIGHTSEEING

CASA NATAL I MUSEU JUNÍPER SERRA

Geburtshaus und Museum erzählen bildreich vom Leben des Missionars und Heiligen (1713–84). Du möchtest

Auch die Sonneninsel braucht mal Regen. Das Kloster Ermita de Bonany erinnert daran

noch mehr religiöse Hotspots sehen? Dann nutze die ✆ Flatrate für gleich sechs Häuser. Mit dem Kombiticket „SM Mallorca Card" von ☂ *Spiritual Mallorca (spiritualmallorca.com)* für 16 Euro hast du außerdem Eintritt in die Kathedrale La Seu (s. S. 42), die Kirche La Porciúncula, das Kloster La Real in Palma, das Santuari de Lluc (s. S. 93) und das Kloster Cura (s. S. 129) auf dem Puig de Randa. Das Ticket ist 15 Tage gültig. *Mo, Mi, Fr 10.30–13.30 Uhr oder nach Voranmeldung unter Mobiltel. 6 64 36 67 22 | Eintritt frei, eine Spende ist gern gesehen | C/ Barracar Alt 6 | Ecke C/ Fra Juníper Serra | fundacioncasaserra.org | ⏲ 1 Std.*

BODEGA MIQUEL OLIVER

Die Bodega ist über 100 Jahre alt und eine der bekanntesten der Insel. Pilar Oliver, Tochter des Hauses, hat dort mittlerweile als studierte Winzerin und Kellermeisterin das Sagen. Ihr trockener Muskat wurde zum besten Weißwein Spaniens gekürt. Der Weg ist ausgeschildert. *Ctra. Petra–Santa Margalida, bei km 1,8 | miqueloliver.com*

ESSEN & TRINKEN

CAN SALOM

Seit 1969 schon verwöhnt das Familienrestaurant seine Gäste – mit Produkten aus der Region. Mittlerweile führt Joan Riera Salom die Regie. Er spricht Deutsch. Frag ihn nach Gerichten, die nicht auf der Karte stehen. Und probier unbedingt den Hauswein! *Tgl. 18–23, Sa/So auch 12.30–15 Uhr | Plaça Fray Juníper Serra 4 | Tel. 9 71 56 10 46 | cansalom.com | €€*

ES CELLER

So urig und vom Ambiente her einmalig das Kellerlokal mitten im Ort auch ist, die Qualität der Gerichte schwankt leider zwischen ausgezeichnet und mittelmäßig. *Tgl. 12–23 Uhr | C/ de l'Hospital 46 | ausgeschildert | Tel. 9 71 56 10 56 | restaurantesceller.com | €*

RUND UM PETRA

8 ERMITA DE BONANY ★

4 km von Petra, 10 Min. Autofahrt
Der pausbäckigen Madonna aus dem 8. Jh. und des tollen Weitblicks wegen lohnt sich der Abstecher zum Kloster, das seinen Namen (Gutes Jahr) nach dem Ende einer Dürreperiode erhielt. Kachelbilder am Eingang erinnern an den langersehnten Regen und an eine reiche Ernte; toller Rastplatz unter schattigen Bäumen. *L7*

9 ARIANY

5 km von Petra, 10 Min. Autofahrt
Erst 1982 wurde das nördlich gelegene Nachbardorf (850 Ew.) von Petra unabhängig. Sein Mittelpunkt ist die Kirche. Ihr verträumter, blühender Vorgarten mit Weitblick ist eine Pause wert. Das Restaurant *Ses Torres (tgl. 7–24 Uhr | Tel. 9 71 83 04 29 | grcm.es/ses-torres | €)* am Verteilerkreisel vor Ariany ist ein riesiges Lkw-Fahrer- und Ausflugslokal, in dem du gute Tapas und ein preiswertes Menü bekommst. *M6*

ERLEBNIS TOUREN

Lust, die Besonderheiten der Region zu entdecken? Dann sind die Erlebnistouren genau das Richtige für dich! Ganz einfach wird es mit der MARCO POLO Touren-App: Die Tour über den QR-Code aufs Smartphone laden – und auch offline die perfekte Orientierung haben.

❶ MALLORCA PERFEKT IM ÜBERBLICK

➤ Mini-Drachen auf der Dracheninsel entdecken
➤ Die Traumstraße zu Mallorcas höchsten Bergen hinaufkurven
➤ Dem Ballermann einen Besuch abstatten

📍 Palma	🏁 Palma
↻ 400 km	🚗 6 Tage, reine Fahrzeit 7 ½ Std.
ℹ️ Achtung, die Insel ❹ **Sa Dragonera** kann nur von April bis Oktober besichtigt werden.	

Pause machen am Markt? Durchs Städtchen Pollença kommst du auf Tour 1

PALMA LINKS LIEGEN LASSEN

Egal, ob man mit dem Schiff oder dem Flugzeug anreist: Für fast jeden Urlauber beginnt der Mallorcaaufenthalt in der quirligen Inselhauptstadt ❶ Palma ➤ S. 38. Doch ihr schenkst du erst später Aufmerksamkeit. Du organisierst dir nur einen Mietwagen und verlässt die Stadt wieder, um dich auf dieser Rundreise mit der Insel bekannt zu machen. *Über die Ma1* erreichst du ❷ Port d'Andratx ➤ S. 63. Bummele ein wenig über die Promeniermeile am Hafen, schau den Yachten und Fischkuttern zu und kehre in einem der vielen Lokale ein.

ZU EIDECHSEN- UND VOGELPERSPEKTIVEN

Weiter geht es dann in den ruhigen Badeort ❸ Sant Elm ➤ S. 64. Von hier aus starten Boote *(Fahrt 13 Euro)*, die dich rüber zur unbebauten Vogel- und Eidechseninsel ❹ Sa Dragonera bringen. Die Überfahrt dauert nur 20 Minuten, plane für den Bootsausflug aber trotzdem mindestens drei Stunden Zeit ein. Wieder an Land zurück, gelangst du *auf der kurvenreichen Ma10* ins verträumte Terrassendorf ❺ Estellencs ➤ S. 64. Der Ort klebt über der Steilküste und bietet fast überall Meerblick. Übernachten kannst du dort im Petit Hotel Sa Plana *(saplana.com)*.

TAG 1

❶ Palma

31 km · 30 Min.

❷ Port d'Andratx

9 km · 10 Min.

❸ Sant Elm

2 km · 20 Min.

❹ Sa Dragonera

25 km · 45 Min.

❺ Estellencs

24 km · 30 Min.

TAG 2
6 Valldemossa
8 km 15 Min.

7 Son Marroig
4 km 5 Min.
8 Deià
11 km 15 Min.
9 Sóller
40 km 50 Min.

Weiter geht es heute nach **6 Valldemossa** ➤ S. 65. Ein Besuch der **Kartause** *(Eintritt 9,50 Euro)* ist fast schon ein Muss. Genehmige dir danach eine *coca de patata,* eine süße Leckerei, die es hier in fast jeder Bäckerei gibt, und schlendere durch das Unterdorf.

Die anschließend folgende Autostrecke ist spektakulär. Links das Meer, rechts Olivenbäume und Felswände, so erreichst du das Anwesen **7 Son Marroig** ➤ S. 68 mit seiner malerischen Gartenanlage und später den romantischen Häuserhügel von **8 Deià** ➤ S. 67, bevor du dich in **9 Sóller** ➤ S. 69 im Patio der **Fàbrica de**

Gelats eisschleckend ausruhen kannst. Im am Meer gelegenen Ortsteil Port de Sóller solltest du dir heute eine Übernachtung im feinen Hotel Espléndido *(esplendidohotel.com)* gönnen.

DIE SCHWARZE MADONNA WARTET

Nach dem Frühstück führt dich die *Ma10* hinauf zu den höchsten Bergen der Insel. Auf der kurvigen Strecke mit umwerfenden Ausblicken kommt man an zwei Stauseen vorbei, bevor man das ❿ Kloster Lluc ➤ S. 93 erreicht, wo die berühmte Schwarze Madonna zu sehen ist. Durch Steineichenwälder fährst du später weiter, hinunter ins Landstädtchen Pollença. Das nächste Ziel ist die ⓫ Halbinsel Formentor ➤ S. 92. Statte dem Mirador einen Besuch ab und genieß die herrliche Aussicht, bevor du im Garten des Hotels Barceló Formentor eine Kaffeepause einlegst. Nun geht's ins von mittelalterlichen Mauern umschlossene ⓬ Alcúdia ➤ S. 85. Im Ca'n Pere Hotel *(hotelcanpere.com)* beziehst du ein Zimmer und schlenderst dann noch durch das perfekt restaurierte Ortszentrum.

INS MEER UND IN DIE INSELGESCHICHTE EINTAUCHEN

Am nächsten Morgen lohnt sich ein Abstecher zur hoch gelegenen ⓭ Ermita de la Victoria ➤ S. 89. Direkt unterhalb der Einsiedelei kannst du am schmalen Kiesstrand S'Illot baden gehen. Über die *Ma12* gelangst du dann nach ⓮ Can Picafort ➤ S. 82. Checke zunächst in einem Hotel deiner Wahl ein und gönn dir eine kleine Mittagspause. Anschließend mietest du dir bei Mallorca on Bike *(tgl. 9–12, 16.30–18 Uhr und nach Vereinbarung | Leihmiete 10 Euro pro Tag | Ctra. Artá-Port d'Alcúdia 65b | Mobiltel. 6 32 48 77 21 | mallorcaonbike.com)* ein Fahrrad. Damit *radelst du die Ma12 entlang*, bis du zu einem ehemaligen Landsitz kommst, der heute ein ⓯ Museum zur Inselgeschichte beherbergt. Von hier aus erreichst du *über einen Feldweg* ⓰ Son Real ➤ S. 83. Die größte talayotische Totenstadt liegt direkt am Meer, sodass du hier auch kurz in die Wellen springen kannst. Gib später das Fahrrad in Can Picafort wieder zurück. Zum Essen empfiehlt sich ein

TAG 3
❿ Kloster Lluc
30 km 35 Min.
⓫ Halbinsel Formentor
24 km 30 Min.
⓬ Alcúdia
7 km 15 Min.

TAG 4
⓭ Ermita de la Victoria
17 km 25 Min.
⓮ Can Picafort
5 km 20 Min.
⓯ Museum zur Inselgeschichte
2,4 km 10 Min.
⓰ Son Real
9,5 km 50 Min.

kurzer Abstecher mit dem Auto zum Gourmetrestaurant **⑰ Es Casal** (tgl. 19.30–22.30 Uhr | Ctra. Santa Margalida–Alcúdia, bei km 1,8 | Tel. 9 71 85 27 32 | casal-santa eulalia.com | €€€).

Auch am nächsten Tag bleibst du erst mal auf den Spuren der Talayotkultur und besuchst **⑱ Ses Païsses**, eine eindrucksvolle Siedlung aus jener Zeit. Im hübschen Landstädtchen **⑲ Artà ➤ S. 80** führt von der Pfarrkirche ein von Zypressen gesäumter Kreuzweg hinauf zur **Festung**, von der sich ein schöner Rundblick bietet.

WAS MALLORCA MIT KALIFORNIEN ZU TUN HAT

Nach einer Mittagspause geht es *auf der Ma15 weiter hinein ins Inselinnere. Hinter Manacor biegst du auf die Ma3320* und erreichst das in der Ebene Es Pla gelegene Städtchen **⑳ Petra ➤ S. 132**. Mit seiner kachelgeschmückten Gasse und einem **Museum** bewahrt der Ort das Andenken an Fra Juníper Serra, den Gründer vieler kalifornischer Städte. Nach diesem Stopp fährst du über die *Ma3310, die Ma5110 und die Ma5111* durch Weizenfelder und Weinland nach Felanitx und weiter auf der *Ma4010.* Hier zweigt eine enge *Serpentinenstraße* ab zum heiligen Berg **㉑ Sant Salvador ➤ S. 99**, wo du im **Petit Hotel Hostatgeria Sant Salvador** (santsalvadorhotel.com) wunderbar übernachtest.

MIT DEN INSULANERN SNACKEN

Von Sant Salvador aus fährst du am nächsten Morgen *nach Felanitx und nimmst dort die PM512*, die in das Bauerndorf **㉒ Campos ➤ S. 111** führt. In Kontakt mit den Einheimischen kommt man dort in der Bäckerei **Forn Ca'n Nadal** (C/ Estrelles 22), wo einen knuspriges Holzofenbrot und leckere Schmalzschnecken, *ensaïmadas*, anlachen. Oder bei der weltoffenen Künstlerin **Miquela Vidal** (C/ Pare Alzina 7 | Tel. 9 71 65 20 10). Sie zeigt jeden Samstag, wenn Markt ist, von 10.30 bis 13.30 Uhr ihr Wohnatelier. Dort gibt es Kunst und ein wunderschön renoviertes Dorfhaus zu sehen. Danach lohnt sich ein Bummel über den

INSIDER-TIPP
Kunstvoller Einblick

Auf dem 509 m hohen Berg Sant Salvador steht ein verlassenes Kloster

Wochenmarkt von Campos. Das Dorf hat sich zu einem kleinen Zentrum für Trödel gemausert. Du kannst Nippes, Krimskrams und originelle Souvenirs erstehen.

Weiter geht's nach ㉓ **Llucmajor** ➤ S. 110. Die große Inselgemeinde ist zwar nicht besonders schön, hat aber viel Leben zu bieten. Du solltest *an der Durchfahrtsstraße möglichst schnell parken* und dich zum geschäftigen **Dorfplatz (Plaça Espanya)** in der Nähe durchfragen. Rund um den Platz liegen Terrassencafés und kleine Lokale, in denen man das Geschehen entspannt verfolgen kann. Und es gibt kleine Geschäfte, manche sehr dörflich, andere schick. Bei der **Touristeninformation** *(C/ de la Constitució 1)* sind auch auf Deutsch Broschüren erhältlich mit einem Spaziergang durch das historische Zentrum vom Denkmal Jaume III. bis zum Kloster.

NICHT OHNE BALLERMANN
Von Llucmajor ist es *auf der Ma 19* zur ㉔ **Platja de Palma** ➤ S. 52 nur noch ein Katzensprung. Der Strand

㉓ **Llucmajor**
18 km 45 Min.

㉔ **Platja de Palma**
20 km 1 Std. 20 Min.

beginnt in Arenal, die Bucht zieht sich dann über 10 km bis zum Stadtrand von Palma. Wenn du einmal den berühmten **Ballermann**, den Strandabschnitt 6, gesehen haben willst, kannst du das Auto *in Arenal parken* und dann rund eine halbe Stunde *entlang der Strandpromenade in Richtung Palma spazieren*. In der *Straße Pare Bartomeu Salvà* findest du das typisch deutsche Sauflokal **Bierkönig**, die berüchtigte Partymeile liegt rundherum. Auf dem Rückweg noch einkehren? Dann solltest du dich vor Touristenfallen hüten. Eine empfehlenswerte Adresse ist das **Casa do Pulpo** *(Mai–Okt. Mi–Mo 11–23.15, Dez.–April Mi–Mo 11–16 und 19–23.15 Uhr, Nov. geschl. | C/ Terral 44 | Tel. 9 71 44 15 77 | €–€€)*.

❶ Palma

Die Rundreise endet in **❶ Palma**. Aber nimm dir noch ein paar Tage Zeit für die Inselhauptstadt, es lohnt sich!

❷ AUF DEN SPUREN DER SCHMUGGLER

➤ **Kunstvolle Terrassenfelder mit Weinstöcken aus arabischen Zeiten sehen**
➤ **Bei einer Wanderung die Felsen grollen hören**
➤ **Die spektakulärsten Sonnenuntergänge der Insel erleben**

📍	Banyalbufar	🏁	Banyalbufar
⇄	12 km	🥾	½ Tag, reine Gehzeit 3 ½ Std.
📶	leicht	↗	150 m

ℹ️ Der Steinstrand von **❸ Port des Canonge** lädt zum Schnorcheln ein. Manchmal kommen dort jedoch Quallen vor. Am Strand gibt es weder Toiletten noch Einkehrmöglichkeiten.

❶ Banyalbufar

4,5 km 50 Min.

WENN DAS KOPFKINO LOSGEHT

Verlasse das Bergdorf ❶ Banyalbufar ➤ S. 64 *in öst-licher Richtung. An der Ma10* findest du *in einer s-för-migen Kurve zwischen Kilometer 85 und 86* einen kleinen Parkplatz. Hier beginnt die Wanderung, de-ren gesamter Verlauf durch einen Pfeil an Holzpfählen gekennzeichnet ist. Ein schattiger Wald mit Aleppoki-efern macht die Tour auch im Hochsommer nicht zu anstrengend. Auf diesem Weg schleppten Schmugg-ler in der Francozeit säckeweise Zigaretten, Alkohol und Kaffee vom Meer in ihre Verstecke – die Fantasie läuft hier also mit.

DAS MACHT HEUTE KEIN MENSCH MEHR

Schon nach wenigen Schritten blickst du auf Banyalbu-far und dessen mit Gemüse und Malvasierwein be-wachsene Terrassen maurischen Ursprungs hinab. Im Bereich der *Steineichen, durch die der Weg führt*, wer-den längst ausgestorbene Berufe lebendig: in einer *sitga*, dem kreisrunden Köhlerplatz mit einem von Binsen überdachten Unterschlupf für die Köhler, die Tag und Nacht vor Ort sein mussten, und in der Ruine eines *forn de calç*, eines Kalkofens, in dem die

Kalkbrenner früher Kalk zum Weißen ihrer Häuser aus dem Gestein brannten.

Unmerklich führt der Weg *sanft bergab*. *Nach etwa einer halben Stunde Gehzeit* gelangst du an eine *riesige Felswand*. Im Kalkstein sind Tropfsteingebilde zu entdecken, und sollte das Meer sehr unruhig sein, verstärkt die Wand das grollende Geräusch der Wellen.

SO SCHÖN KANN EIN ABSTIEG SEIN

Etwas später siehst du tief unten bizarre, wildromantische Felszacken über dem Meer, an denen sich windschiefe Kiefern festklammern. Weiße Gischt brandet an den steinigen Strand, das weite Blau des Meers wird dann und wann durchkreuzt von einem Boot. Und ganz in der Ferne kannst du die kleine Halbinsel Sa Foradada erkennen, an der Erzherzog Ludwig Salvator einst landete und Mallorca für sich entdeckte. Von nun an geht's *bergab*, vorbei am riesigen, 400 Jahre alten Landsitz ❷ Son Bunyola. Ein britischer Milliardär erwarb die Anlage, um hier ein luxuriöses Fincahotel zu errichten, bekam aber keine Genehmigung von den

❷ Son Bunyola
1,7 km 30 Min.

Mach's wie diese Wanderer auf dem Weg nach Port des Canonge: Genieß die Aussicht

Behörden. Nach Son Bunyola erreichst du endlich das Meer. Das kristallklare Wasser des Kiesstrands ist ein Paradies für Schnorchler. Also nichts wie rein – mit oder ohne Badehose.

BIS ANS ENDE DER WELT GEHEN

Noch liegt ein Stück Weg vor dir, bis du – *an Myrtenbüschen vorbei* – den winzigen Hafenort ❸ **Port des Canonge** erreichst. Im Hochsommer ist er belebter, vor allem an den Wochenenden, dann kommen häufig mallorquinische Ausflügler hierher. Die übrige Zeit ist er eher verwaist – und gerade deshalb wunderschön. Rotes Gestein überragt den Hafen, rund gewaschene, rote Steine und Algen säumen ihn. Es riecht nach Fisch und Salz; vielleicht döst ein Fischer im Schatten seiner Bootsplane. Ein friedlicher Ort am Ende der Welt.

❸ Port des Canonge
70 m 2 Min.

Du hast dich hungrig gelaufen und freust dich auf eine Pause? Lauf *die Hauptstraße hinauf*, am Restaurant Toni vorbei, und kehre ein im ❹ **Can Madó** *(Mi–Mo 10–18 Uhr | C/ Port des Canonge | Tel. 9 71 61 05 52 | €€)*. Das Lokal ist nicht sonderlich hübsch, aber grundehrlich. Bestell ein paar Tapas und ein Glas des sehr guten offenen Weißweins, schau den Katzen zu, die dich umgarnen, und vergiss für einen Moment, dass du den ganzen *Weg wieder zurücklaufen* musst. Bergauf dann, aber wenigstens gut gestärkt. Eines ist sicher: Auf dem Rückweg wirst du ganz neue Ausblicke entdecken und ganz andere Dinge am Wegrand finden.

❹ Can Madó
6,1 km 2 Std.

EINEN CORTADO MIT MEERBLICK BESTELLEN

Nach der Rückkehr siehst du dich noch in ❶ **Banyalbufar** um. Der Terrassenort ist gerade im Sommer belebt. Viele Mallorquiner haben hier eine Ferienwohnung und genießen die schöne Lage an der naturbelassenen Westküste mit ihren spektakulären Sonnenuntergängen. Guten Kaffee und Kuchen mit Meerblick bekommst du an der Hauptstraße im Café **Bellavista** *(tgl. 10–22 Uhr | C/ del Comte de Sallent 15 | Tel. 9 71 61 80 04 | restaurant-i-cafe-bellavista.business. site | €€)*. Ein Haus weiter gibt es Malvasiawein aus dem Dorf zu kaufen.

❶ Banyalbufar

❸ DIE LAND-UND-LEUTE-ROUTE: BAUERN, WINZER, FISCHER

➤ Quirliger Markttrubel mit Schwein, Huhn und Schaf
➤ Zu gleich zwei Leuchttürmen spazieren
➤ An wunderschönen Naturstränden in die Fluten springen

📍 Sineu	🏁 Sineu
🔄 180 km	🚗 3 Tage, reine Fahrzeit 3½ Std.

ℹ️ Plane den Start- oder Ankunftstag in Sineu möglichst auf einen Mittwoch, um den dortigen Markt zu erleben. Die Zeiten für die täglichen Führungen in den ⓫ **Salines d'Es Trenc** ändern sich saisonbedingt. Frag deshalb vorab nach unter *Tel. 9 71 65 53 06.*

TAG 1
❶ **Sineu**
10 km 15 Min.

MITTWOCHSMARKT MITTEN AUF MALLORCA

Startort ist ❶ Sineu ➤ S. 127 im geografischen Zentrum von Mallorca. Immer mittwochs strömen Bauern von nah und fern zum ältesten und bedeutendsten Markt der Insel. Wer wirklich früh kommt, ist dabei, wenn gefeilscht wird um Küken und Kuh, Schaf und Schwein.

DEM WEIN AUF DER SPUR

Ab 10 Uhr, wenn sich ganze Busladungen von Touristen über den Markt ergießen, solltest du schon *7 km weiter südlich* sein, in Sant Joan, *und in der Dorfmitte dem Schild mit der Aufschrift Els Calderers folgen.* Es führt dich zum prächtigen Gutshof ❷ Els Calderers ➤ S. 131, der zu einer Museumsfinca umfunktioniert wurde. Ein riesiger Weinkeller zeugt von einträglichen Weinbauzeiten, denen die Reblausplage um die Wende zum 20. Jh. ein Ende bereitete, auf die man sich inzwischen jedoch wieder besinnt. Das Umsatteln im vorigen Jahrhundert von Wein auf Weizen

❷ **Els Calderers**
17 km 20 Min.

veranschaulicht eine enorme Kornkammer im Obergeschoss, die auch die übrigen landwirtschaftlichen Produkte des Guts zeigt. Nutze die Gelegenheit und nimm an einer Weinprobe teil.

Weiter *in Richtung Süden* fährst du durch das Gemeindegebiet von Vilafranca. Dort künden verrußte Öfen und Berge von *tejas* (Ziegeln) von einem alten, immer noch aktuellen Handwerk: der Ziegelbrennerei. Während der Weg bislang durch weite Kornfelder, Mandelbaum-, Feigen- und Johannisbrotbaum-Plantagen führte, werden diese *nach Überquerung der Ma15* abgelöst

Hafen in hübsch: Cala Figuera

von Weinfeldern. Die Gegend um Petra, Porreres und Felanitx ist ein Hauptanbaugebiet für Weißweine.

NACH KERAMIK STÖBERN

Bald erreichst du das Landstädtchen ❸ **Felanitx** ➤ S. 98 mit seinen charakteristischen Mühlenstümpfen über dem Ort. Dort spielt sich das Leben auf der betriebsamen Hauptstraße Carrer Major ab. Jetzt ist Zeit für ein Mittagessen! Gehobene Küche zu fairen Preisen bekommst du im Haus mit der Nr. 11 im **Cas Solleric** *(Mo–Sa ab 19 Uhr | Tel. 9 71 82 72 37 | cassolleric.com | €€).* Anschließend lohnt ein kleiner Einkaufsbummel über den Carrer Major, denn es gibt hier schöne Geschäfte wie die alteingesessene Keramikwerkstatt **Call Vermell** in der Nr. 44.

❸ **Felanitx**
15 km 35 Min.

❹ **Portocolom**
30 km 1 Std. 40 Min.

LEUCHTTURMLUFT SCHNAPPEN

Nächstes Ziel ist ❹ **Portocolom** ➤ S. 100, der Hafen von Felanitx. Der Ort ist trichterförmig und gerahmt von bunt bemalten Bootsschuppen der Fischer. In Portocolom lohnt sich ein Besuch des etwas versteckt gelegenen Kirchplatzes **Plaça Sant Jaume**. Dort zeigt sich der Ort in seiner ursprünglichsten Form. In den Dorfbars kannst du neben Einheimischen etwas trinken.

Vor dem Abendessen solltest du noch einen kleinen Spaziergang zum **Leuchtturm** unternehmen. Er steht *knapp 3 km außerhalb des alten Ortskerns auf der Punta de Sa Cresta.* Sie begrenzt von außen die enge Bucht und bietet einen grandiosen Blick aufs offene Meer. Für den bequemen Weg brauchst du nicht länger als eine halbe Stunde pro Strecke. Anschließend bekommst du im direkt am Hafen gelegenen Restaurant **Sa Sinia** *(Di–So 13–15.30 und 19.30–22.30 Uhr | Tel. 9 71 82 43 23 | €€€)* fangfrischen Fisch serviert. Günstig übernachten kannst du im Strandhotel **Club Cala Marsal** *(hotelclub calamarsal.com).*

Weiter geht's am nächsten Morgen durch die ersten Erhebungen der Serra de Llevant. Du durchfährst die blumengeschmückten Dörfer S'Horta und Calonge und erreichst über S'Alquería Blanca ➤ S. 117 den Ortseingang von Santanyí ➤ S. 114. Hier folgst du dem Straßenschild in Richtung Cala S'Amarador/Cala Mondragó.

INS REVIER DER GINSTERKATZE EINTAUCHEN

Die für den Inselsüden typische, von Bruchsteinmauern *(parets seques)* gesäumte Straße endet nach 5 km am Schlagbaum des Naturschutzparks ❺ Parc Natural Mondragó ➤ S. 117. Dort leben an die 70 Vogelarten sowie seltene Pflanzen und Tiere wie Mittelmeerschildkröten oder Ginsterkatzen. Vom Besucherzentrum aus geht es *zu Fuß noch ungefähr 500 m* durch duftenden Kiefernwald in die herrliche Badebucht ❻ Ses Fonts de n'Alís, die im Sommer gut besucht ist.

Ein kurzer *Weg entlang der Steinküste* führt zur zweiten Bucht des Parks, der ❼ Cala S'Amarador. Von hier zurück zum Parkplatz hast du nun knapp 2,5 km Fußweg zu bewältigen: Vom hinteren Teil des Amaradorstrands führt ein schmaler, *u-förmiger Wanderweg* durch Grasland mit Sträuchern und mediterranen Wald mit Wacholder und Kiefern. Der *Einstieg ist seitlich, aufs Meer blickend rechts*. Von dort wanderst du eine knappe halbe Stunde zur Felsküste und *nach einer Rechtskurve weg vom Meer* durch den Wald. Der Weg endet an einer *asphaltierten Straße*, der du *nach rechts folgst*. Sie führt wieder zum Amaradorstrand und zurück zum Parkplatz.

ZEIT FÜR GEMÜTLICHE FISCHERROMANTIK

Auf dem *Rückweg nach Santanyí* zweigt links eine Straße ab zum kleinen Ferienort ❽ Cala Figuera ➤ S. 116, dem nächsten Ziel. Es ist der zweite Hafen auf dieser Tour. Nachmittags kannst du hier zusehen, wenn die Fischerboote mit ihren Fängen zurückkehren. *Spaziere auf dem hübschen Paseo Marítimo* hoch über der Bucht und kehre auf dem Rückweg irgendwo ein, z. B. in der Bon-Bar mit schönem Hafenblick. Zum Übernachten

TAG 2

❺ Parc Natural Mondragó

1 km 15 Min.

❻ Ses Fonts de n'Alís

0,6 km 10 Min.

❼ Cala S'Amarador

14 km 1 Std.

❽ Cala Figuera

20 km 40 Min.

empfiehlt sich das **Rocamar** *(rocamarplayamar.com)*. Das Hotel liegt exponiert über dem Meer und hat einen eigenen Zugang zum Wasser.

ZUR WELLENDUSCHE AN DIE SÜDSPITZE

TAG 3

Die Tour führt am folgenden Morgen möglichst früh zunächst *nach Santanyí*, wo du dem *Hinweisschild zur Colònia de Sant Jordi und nach Llombards folgst.* Kurz hinter Llombards biegst du *nach links auf die Ma6110* ab und fährst nun 10 km lang direkt auf die Südspitze Mallorcas zu. Vom Leuchtturm am **❾ Cap de Ses Salines** führt ein leichter Wanderweg an der unverbauten Küste zur Traumbucht **❿ Platja d'es Caragol** (Sonnenschutz mitnehmen!). Dieser Strand wird, genau wie die benachbarte Bucht Cala Entugores, gern von FKK-Anhängern besucht. Beide Strände gehören zu den schönsten Naturstränden der Insel. Genieß hier ein unvergessliches Bad in den Vormittagsstunden. Der Weg durch Dünen, Strandhafer und viel Sand dauert hin und zurück gut eine halbe Stunde.

❾ Cap de Ses Salines

1,7 km 25 Min.

❿ Platja d'es Caragol

20 km 45 Min.

EINE PRISE WISSEN ABSCHÖPFEN

⓫ Salines d'Es Trenc

4,5 km 5 Min.

Die Fahrt führt *über Ses Salines* weiter zu den **⓫ Salines d'Es Trenc ➤ S. 119.** Ganz flach und fast baumlos ist hier die Insel, und nur die Vogelschreie unterbrechen das Schweigen der Salzseen. Bei einer Führung erfährst du sowohl Interessantes über das Ökosystem Saline mit seiner Artenvielfalt und den unterschiedlichen Lebensräumen als auch über den Prozess der Salzgewinnung, der eng an die Jahreszeiten gebunden ist.

⓬ Colònia de Sant Jordi

9 km 30 Min.

Leckeres Mittagessen wartet nun in **⓬ Colònia de Sant Jordi ➤ S. 118** im **Sal de Cocó** auf dich. Dort kocht die junge Besitzerin mit Salzflocken von der Felsküste. Der Fisch kommt fangfrisch aus den Gewässern Mallorcas.

SONNENUNTERGANG IN DER TRAUMBUCHT

⓭ Es Trenc

Brich *wieder in Richtung der Salines d'Es Trenc* auf. Die weißen Salzberge und die rosa-blaugrauen Verdunstungsseen liegen vor dem völlig unbebauten, dank der Initiative der Umweltschutzorganisation GOB geretteten Sandstrand von **⓭ Es Trenc ➤ S. 113.** Hier kannst du den Tag ausklingen lassen, in Dünen wie auf der Nordseeinsel Sylt und dem türkisfarbenen Wasser einer sichelförmigen Traumbucht, die gegen Abend diesen Namen wirklich verdient, weil sie dann nicht mehr so stark besucht ist wie tagsüber. Der Rückweg führt dich dann über Campos ➤ S. 111, Porreres ➤ S. 131 und Montuïri ➤ S. 130 zurück nach ❶ Sineu.

❶ Sineu

❹ WANDERUNG ZUR EINSIEDELEI BETLEM

➤ **Durch die Natur mit Rosmarin und gelbem Ginster wandern**
➤ **Der absoluten Stille in der Einsiedelei Betlem lauschen**
➤ **In Colònia de Sant Pere ins Wasser springen**

📍	Parkplatz Ma3331 Artà–Betlem	🏁	Colònia de Sant Pere
→	10 km	🥾	½ Tag, reine Gehzeit 2½ Std.
📊	leicht	↗	250 m

ℹ Die eigentliche Wanderung ist nur 7 km lang, die restlichen 3 km fährst du mit dem Auto. Die Einsiedelei ist nicht bewirtschaftet und auch nicht mehr bewohnt. Einkehren kann man nach dem Abstieg in dem kleinen Strandort ❹ **Colònia de Sant Pere.**

An der *Landstraße Ma3331*, die von Artà nach Betlem führt, findest du *bei Kilometer 7,5* an einem breiten Weg einen ❶ **Parkplatz** für dein Auto. Schilder weisen dort den Weg nach „Cases de Betlem, Ermita de Betlem, S'Alqueria Vella". Die Route führt dann *an verlassenen Gebäuden vorbei* und durch dorniges Gestrüpp direkt ins Gebirge.

❶ Parkplatz

3,5 km 1 Std. 10 Min.

HÖR MAL, DIESES VOGELKONZERT!

Der Anfang ist sonnig und steil. Er bietet schon nach wenigen Metern einen Blick auf die Bucht von

Alcúdia ➤ S. 85. Dann steigert sich die Wanderung noch ein wenig. Sie führt in Kehren nach oben, *am Lauf eines plätschernden Bergbachs entlang*. Im Frühjahr summen hier Bienen um Ginster und Rosmarin, Vögel zwitschern in unglaublicher Lautstärke. Die Halbinsel des Landschaftschutzgebiets **Parc de Llevant** ist unbewohnt und weitgehend naturbelassen.

Später führt die Route *durch einen Talkessel*, an dessen Seiten spektakuläre Felsmassive aufragen. Schließlich ist der Sattel erreicht, es geht nun locker dahin, vorbei an der Quelle ❷ **Font de s'Ermita** und einer Mariengrotte. Dort kannst du dich auf Bänken ausruhen und dich mit dem in steinernen Wasserkanälchen plätschernden Wasser erfrischen.

❷ **Font de s'Ermita**
0,5 km 5 Min.

IN DIE ABSOLUTE STILLE EINTAUCHEN

❸ **Einsiedelei**
6 km 1 Std. 10 Min.

Jetzt sind es nur noch wenige Minuten bis zur ❸ **Einsiedelei** ➤ S. 82. Bis vor wenigen Jahren lebten hier noch Eremiten, die die Obstplantagen und Gemüsegärten pflegten. Heute ist die Anlage nicht mehr bewohnt, sie wird von Ordensbrüdern aus dem nahe gelegenen Artà ➤ S. 80 verwaltet. Auf den weiten, im Frühjahr mit

Gänseblümchen übersäten Wiesen grasen Schafe und Esel. In die stattliche, lichtdurchflutete Kirche der Einsiedelei solltest du wegen ihrer bunten Rosettenfenster und der absoluten Stille reinschauen.

In dem offenen Bergtal ringsherum lässt es sich gut aushalten. Kinder können spielen, du kannst im Gras liegen und dösen oder mit einem Fernglas die Berghänge nach Ziegen und den Himmel nach Habichtsadlern absuchen. *Bergab geht es dann zurück* zum Parkplatz.

UND JETZT DORTHIN, WO DIE WELLEN RAUSCHEN

INSIDER-TIPP
Meer muss sein!

Mach jetzt noch einen kleinen Abstecher nach ➍ Colònia de Sant Pere ➤ S. 83 und nutz den schönen Sandstrand dort für einen Sprung ins Meer. Zum Abschluss kannst du in einem der Restaurants des kleinen, ruhigen Ferienorts einkehren, z. B. im Sa Xarxa, das unter Tamarinden direkt am Wasser liegt.

➍ Colònia de Sant Pere

Wer Ruhe sucht, findet sie bei der Ermita de Betlem

GUT ZU WISSEN

DIE BASICS FÜR DEINEN URLAUB

ANKOMMEN

Adapter Typ C

Es ist kein Adapter notwendig.

ANREISE

Flüge aus Deutschland, Österreich und der Schweiz gehen nach Palma (Flughafen Son Sant Joan). Ab Frankfurt dauert der Flug gut zwei Stunden. Die meisten Feriengäste nutzten die Angebote der günstigen Airlines. Mit etwas Glück ergatterst du Sonderangebote. Linienflüge etwa mit Lufthansa oder Iberia kosten 200–500 Euro. Mehrere Autovermietungen buhlen am Flughafen um die Gunst der Kunden, Taxis zum Transfer in die Inselorte stehen bereit. Die längste Fahrt, nach Cala Rajada, kostet etwa 90 Euro, bis ins Zentrum von Palma sind es etwa 25 Euro *(ca. 15 Min. Fahrt)*. Linienbusse fahren vom Airport nach Palma-Zentrum *(Abfahrt alle 15 Min. | ca. 25 Min. Fahrt | Ticket 5 Euro)* und auch in viele Küstenorte *(Kosten 5–12 Euro | tib.org)*.

Ungefähr 1400 km misst die Autobahnstrecke von Frankfurt/Main über Mülhausen, Besançon, Lyon, Nîmes, Sète, Narbonne und Girona bis Barcelona. Mautgebühren in Frankreich und Spanien: etwa 100 Euro.

Die Fahrzeit für die Bahnstrecke Frankfurt/Main–Barcelona beträgt rund zwölf Stunden. Die normale Fahrkarte 2. Klasse ab Frankfurt kostet je nach Saison ab etwa 330 Euro. Auf bahn.de kannst du An- und Abfahrtszeiten abrufen. Nach Ermäßigungen schauen! Die Reedereien *Baleària (balearia.com)* und *Acciona Trasmediterránea (trasmediterranea.es)* verbinden Mallorca mit den Festlandhäfen Barcelona, Valencia

Der Weg ist das Ziel in der Schlucht des Torrent de Pareis

und Dénia. Die siebenstündige Überfahrt (Pkw und 2 Erwachsene hin und zurück) kostet ab 250 Euro. Spezialisierte Online-Reisebüros sind *aferry.de*, *directferries.de* oder *ocean24.de*.

EINREISEBESTIMMUNGEN

Am Flughafen wird bei der Einreise nicht kontrolliert, aber in Spanien gilt Ausweispflicht. Man sollte den Personalausweis also immer dabeihaben. Kinder brauchen für den Rückflug einen Reisepass oder einen Eintrag im Pass der Eltern.

KLIMA UND REISEZEIT

Der Norden ist kühler als der Süden. Im Frühjahr ist es meist mild, mit kühlen Abenden und Regenschauern, im Sommer heiß mit Gewittern. Im August herrscht hohe Luftfeuchtigkeit. Der Herbst ist bis in den Oktober hinein meist warm, dann gibt es erste Kälteeinbrüche und viel Niederschlag. Der Winter ist vorwiegend mild, wegen hoher Luftfeuchtigkeit abends und nachts kühl bis kalt. Die Hauptsaison dauert von Mai bis Oktober. Viele Urlauber zieht es aber auch zur Mandelblüte im Januar/Februar oder in den Osterferien auf die Insel.

WEITER-KOMMEN

AUTO

Die Verkehrsregeln entsprechen denen in Deutschland, Österreich und der Schweiz. Auf der Autobahn gilt: höchstens 120 km/h; auf Landstraßen: 90 km/h. Gurtpflicht besteht auch innerorts, Helmpflicht für alle motorisierten Zweiradfahrer. Die Promillegrenze liegt bei 0,25 in der Atemluft, was ungefähr dem sonst üblichen Blutwert von 0,5 entspricht. Zwei Warndreiecke sowie Warnweste sind Vorschrift, Telefonieren per Handy während der Fahrt ist verboten. Die Bußgelder *(multas)* sind sehr hoch (teilweise über 100 Euro!). Wer Knöllchen sofort oder innerhalb der ersten Tage zahlt, erhält – je nach Ort – bis zu 50 Prozent Rabatt.

In Ortschaften weisen blaue Linien auf eingeschränktes, auch gebührenpflichtiges Parken hin, gelbe Linien auf Parkverbot. Wer es missachtet, muss mit *multas* oder mit dem Abschleppdienst rechnen. In Palmas Zentrum löst man in blau markierten Parkzonen an Automaten Parkscheine für 120 bis 180 Minuten. Überschreitest du die Zeit, riskierst du eine Kralle oder wirst sogar abgeschleppt. Unbegrenzte Parkzeit hast du in den teuren Parkhäusern der Inselhauptstadt, die du am besten gleich früh am Morgen ansteuerst. Danach ist Palma, die Stadt mit der größten Verkehrsdichte Spaniens, rappelvoll.

MIETWAGEN

In der Hauptsaison bieten Hunderte von Autovermietern rund 60 000 Mietwagen an. Prüfe und vergleiche die Konditionen. Besonders preisgünstige Angebote müssen nicht immer die seriösesten sein. Ratsam ist der Abschluss einer Vollkaskoversicherung ohne Selbstbeteiligung im Schadensfall. Ein Mietwagen der unteren Kategorie kostet etwa 175 Euro die Woche ohne Treibstoff – wenn du von zu Hause aus buchst. Generell sind Leihwagen, die im Vorfeld über das Internet gebucht werden (ab und bis Flughafen), sehr viel günstiger als spontan in den Urlaubsorten gemietete.

FÄHREN

Wer Lust auf Inselhopping hat: Die Fähren der *Balearia (balearia.com)* bringen dich von Alcúdia in ca. 90 Minuten nach Menorca und von Palma in ca. 4 Std. nach Ibiza. Formentera ist nur mit der Fähre von Ibiza aus zu erreichen. Neben Balearia fährt auch *Acciona Trasmediterránea (trasmediterranea.es)* dorthin.

ÖFFENTLICHE VERKEHRSMITTEL

Der unterirdische Bus- und Zugbahnhof in Palma heißt Estació Intermodal *(unter dem Park gegenüber der Plaça Espanya)*. Hier fahren ab und kommen an: die Züge nach/von Inca–Muro–Sa Pobla bzw. Inca–Sineu–Manacor sowie alle Überlandbusse nach/von allen Inselstädten. Es gibt dort eine Information, die auch auf Englisch Auskunft gibt. Der balearische Nahverkehrsverbund *TIB (Tel. 9 71 17 77 77 | ib.org)* informiert auf der mehrsprachigen Website oder telefonisch über Verbindungen, Fahrzeiten und aktuelle Tarife. Mehrfach-Fahrscheine zu lösen, lohnt sich meistens nur, wenn man mehrmals genau dieselbe Strecke fährt, ist also eher für Berufspendler gedacht. Die Fahrscheine kann man beim Busfahrer lösen (Kleingeld bereithalten!).

Im Bahnhof werden auch Fahrräder vermietet – außer im Treppenviertel und in den reinen Fußgängerzonen kein schlechtes und ein umweltfreundliches Fortbewegungsmittel für Palma.

An der Estació Intermodal befindet sich auch der Jugendstilbahnhof des nostalgischen *Ferrocarril de Sóller*. Querverbindungen zwischen den Inselorten sind wenig vorhanden; alles ist auf Palma zentriert.

FESTE & EVENTS
RUND UMS JAHR

JANUAR/FEBRUAR

Sant Antoni (u.a. in Palma, Sa Pobla, Andratx): Teuflische Gesellen *(dimonis)* machen die Straßen unsicher, Pfarrer segnen Tiere von Goldfisch bis Pferd
Mandelblütenfest (Son Servera)*, visit calamillor.com,* s. S. 104

MÄRZ/APRIL

Tag der Balearen (Palma): Mittelalterfest am Hafen
Semana Santa/Pasqua: Die größte Prozession der vermummten Büßer findet in Palma am Gründonnerstag ab 19 Uhr statt. Am Karfreitag tragen die Bruderschaften in Pollença beim *Devallament* die Christusfigur den Kalvarienberg hinab in die Kirche

MAI/JUNI

Fira (Sóller): Die Schlacht zwischen Mauren und Christen von 1561 wird nachgestellt
Processó de les Aguiles (Pollença): Mit kostbarem Schmuck tanzen Mädchen in Adlerkostümen beim Umzug vorneweg

Internationales Jazzfestival (Cala d'Or)*, visitcalador.com*
Tintenfischmesse (Portocolom)
Mittelaltermarkt (Capdepera), *feria medieval.es*
Kräutermesse (Selva), *firadesesherbes. com*

JULI/AUGUST

Konzert im Torrent de Pareis (Escorca) vor atemberaubender Naturkulisse, *ajescorca.net*
Festival Chopin (Valldemossa), *festival chopin.com*

SEPTEMBER/OKTOBER

Nit de l'Art (Palma), *nitdelartartpalma. com:* große Nacht der Kunst, s. S. 50
Süßigkeitenmesse (Esporles), *ajespor les.net*

NOVEMBER/DEZEMBER

Dijous Bo (Inca), *dijousbo.es:* größter der Herbstmärkte auf der Insel
Weihnachtsmarkt auf der Plaça Major und im Pueblo Espanyol (Palma)

IM URLAUB

AUSKUNFT

SPANISCHES FREMDENVERKEHRSAMT
spain.info
- Berlin *(Lichtensteinallee 1 | 10707 Berlin | Tel. 030 8 82 65 43)*
- Wien *(Walfischgasse 8 | Tür 14 | 1010 Wien | Tel. 01 5 12 95 80 10 | viena@ tourspain.es)*
- Zürich *(Seefeldstr. 19 | 8008 Zürich | Tel. 04 42 53 60 50 | zurich@tourspain.es)*

Die offiziellen Tourismusportale der Regierung der balearischen Inseln *illesba lears.travel* und des Inselrats von Mallorca *infomallorca.net* geben Tipps für den Urlaub in vier Sprachen, auch auf Deutsch. Außerdem gibt es zahlreiche Touristen-Informationen, u. a. in Palmas Zentrum an der Plaça de la Reina.

BANKEN & GELD
So gut wie jeder Inselort verfügt über mehrere Banken. Es gibt kaum noch einen Ort ohne Bankautomaten.

BOOTSTOUREN
Schiff ahoi: Bei den 🗣 Bootstouren mit echten Fischern erlebt ihr deren Arbeit hautnah, seht mit Glück Delfine und verbringt einen traumhaften Tag auf dem Meer. Die Ausflüge für die ganze Familie von *Pescaturismo Mallorca (Kosten ab 75 Euro, Kinder zahlen die Hälfte | pescaturismomallorca.com)* starten von 13 Häfen aus, u. a. von Palma, Port d'Andratx und Port de Sóller.

FEIERTAGE

1. Jan.	Neujahr
6. Jan.	Heilige Drei Könige
1. März	*Dia de les Illes Balears*
	(balearischer Regionalfeiertag)
9./10./13. April 2020	
1./2./5. April 2021	Osterfeiertage
1. Mai	Tag der Arbeit
25. Juli	*Fiesta Sant Jaume*
15. Aug.	Mariä Himmelfahrt
12. Okt.	*Dia de l'Hispanitat*
(Nationalfeiertag der Entdeckung Amerikas)	
1. Nov.	Allerheiligen
6. Dez.	*Dia de la Constitució*
	(Tag der Verfassung)
8. Dez.	Mariä Empfängnis
25./26. Dez.	Weihnachten

CAMPINGPLÄTZE
Wildes Campen ist verboten, aber nach vorheriger Anmeldung kannst du z. B. am *Kloster Lluc (200 Pl. | Duschen, Trinkwasser)* oder auf dem Gelände *Es Pixarells (24 Pl. | WC, Trinkwasser | Ctra. Lluc–Escorca)* zelten. Beide Plätze sind ganzjährig geöffnet. Reservierung unter *Tel. 9 71 51 70 70*. Schön an der unberührten Küste von Artà liegt der Zeltplatz *S'Arenalet (20 Pl. | WC, Dusche, Trinkwasser | Ctra. Artà–Cala Torta | Tel. 9 71 17 76 52 | refugis@ibanat.caib.es).* Nach Anmeldung beim Naturschutzbund *GOB (C/ Manuel Sanchis Guarner 10 | Palma | Tel. 9 71 49 60 60)* können einzelne Wanderer auch auf dessen Gelände *La Trapa (4 Pl. | Andratx | nur zu Fuß erreichbar)* campen, mit tollem Meerblick in den Bergen vor der Insel Dragonera. Das Areal von *Hipocampo (C/ Es Domingos Vells | Cales de Mallorca | Tel. 9 71 83 37 15 | clubhipocampo.com)* liegt an der Ost-

küste und bietet nach Anmeldung neben einer großen Schutzhütte für Gruppen auch Zeltmöglichkeiten.

INTERNETZUGANG & WLAN

Viele Cafés und Restaurants bieten kostenloses Wlan an. Die meisten Bars teilen ihr Netz mit Kunden, wenn man nach dem Passwort fragt. Auf Spanisch wird der Begriff Wi-Fi benutzt. Mallorca arbeitet am europaweit größten kabellosen Netz und bietet jetzt schon 300 Wlan-Hotspots *(mallorca-wifi)*. Freien Zugang hast du in Palma z. B. an der Platja de Palma, der alten Mole und im Parc de la Mar oder im unterirdischen Busbahnhof an der Plaça Espanya.

MEDIEN

Viele Zeitungskioske verkaufen die großen deutschen und britischen Zeitungen, außerdem auch die auf der Insel produzierten deutschsprachigen Wochenzeitungen „Mallorca Zeitung" *(mallorcazeitung.es)* und „Mallorca Magazin" *(mallorcamagazin. com)*. Das deutschsprachige „Inselradio" *(inselradio.com)* sendet auf den Frequenzen UKW 95,8 und (im Norden) 96,9 MHz.

ÖFFNUNGSZEITEN

Restaurants sind üblicherweise geöffnet von 13–16 und 19.30–23 Uhr, Geschäfte werktags von 9–13/13.30 sowie 16–20.30 Uhr und länger. Zunehmend gibt es aber auch Lokale und Läden, die durchgehend ihre Kunden bedienen.

POST

Briefmarken erhältst du bei der Post *(correos)* und in den Tabakläden *(taba-co, estanco)*. Briefkästen sind gelb. Post mit Briefmarken von Privatanbietern wird nur aus firmeneigenen Briefboxen befördert!

PREISE

Mallorca hat in etwa das gleiche Preisniveau wie Deutschland. Wochenmärkte sind keine Basare, Feilschen ist unüblich. Nach wie vor vergleichsweise preiswert ist Frischfleisch, nicht jedoch frischer Fisch, da er auch hier rar geworden ist. Touristen klagen über hohe Restaurantpreise – vielerorts zu Recht. Zumal das Preis-Leistungs-Verhältnis häufig nicht stimmt. Eine Flasche Tischwein kostet im Supermarkt ab 2,50 Euro, im Restaurant manchmal das 15-Fache. Organisierte Ausflüge gehen ebenfalls ins Geld: Mit 30 bis 65 Euro für eine Tagesexkursion ohne Verpflegung oder einen Showabend mit Menü musst du rechnen.

WAS KOSTET WIE VIEL?

Taxi	ab 0,88 Euro *pro Kilometer*
Leihfahrrad	ab 10 Euro *pro Tag*
Kaffee	ab 1,40 Euro *für einen Espresso*
Strand	etwa 13,50– 15 Euro *für zwei Liegen mit Schirm*
Tapa	ab 3,50 Euro *für eine halbe Portion*
Eis	ab 1,50 Euro *für eine Kugel*

TELEFON & HANDY

Telefongespräche vom Hotel aus sind sehr teuer. Bei Auslandsgesprächen 00 vorwählen, danach die Vorwahl des Landes (Deutschland 49, Österreich 43, Schweiz 41) und die des Orts (ohne 0), dann die Teilnehmernummer wählen. Die Vorwahl für Spanien lautet 0034. Spanische Telefonnummern bestehen immer aus neun Ziffern, Ortsvorwahlen gibt es nicht. Bei Telefonaten innerhalb der EU vom eigenen Handy fallen keine Roaming-Gebühren mehr an.

TRINKGELD

Alle im Dienstleistungsbereich arbeitenden Menschen freuen sich über ein Trinkgeld. In Restaurants sind bis zu 10 Prozent des Gesamtbetrags üblich. Zimmermädchen erwarten 5 bis 6 Euro pro Woche. Bei Taxi- und Busfahrten sollte man großzügig aufrunden, Reiseleiter bei Zufriedenheit mit einem Obolus ab etwa 5 bis 10 Euro bedenken.

UMWELTABGABE

Auf Mallorca zahlst du eine Kurtaxe, die Umweltabgabe *Ecotasa,* mit deren Einnahmen nachhaltiger Tourismus gefördert wird. Sie wird pro Gast ab 16 Jahren und pro Übernachtung fällig. Auch Urlauber, die per Kreuzfahrtschiff nach Mallorca reisen, müssen sie zahlen. In der Hauptsaison *(Mai–Okt.)* liegt sie je nach Kategorie der Unterkunft zwischen 1 und 4 Euro zzgl. Mehrwertsteuer. In der Nebensaison zahlst du die Hälfte. Rabatte werden ab der neunten Übernachtung gewährt. Die Gebühr wird an der Hotelrezeption oder vom Vermieter deiner Finca oder Ferienwohnung kassiert.

WALDBRÄNDE

Der Waldbestand auf Mallorca ist nicht sehr groß. Umso dramatischere Folgen haben Waldbrände, die es vor allem nach langen Hitze- und Dürreperioden recht häufig gibt. Wirf niemals Zigarettenstummel aus dem fahrenden Auto, lass keine leeren Glasflaschen in der Natur liegen, und komm niemals auf die Idee, im Wald zu grillen! Ein Vergehen wird mit hohen Geldstrafen geahndet.

YACHTHÄFEN

Ein Verzeichnis aller balearischen Yachthäfen mit Angaben zu Lage, Größe, Anzahl der Liegeplätze, maximaler Bootslänge und Hafenausstattung sowie sämtlicher Anbieter von Charteryachten stellt *Mallorca Nautic (Paseo Marítimo 16 | Palma | Tel. 9 71 28 00 07 | mallorcanautic.com)* bereit.

ZOLL

Waren zum persönlichen Gebrauch (z. B. 800 Zigaretten, 10 l Spirituosen) können von EU-Bürgern innerhalb der Europäischen Union zollfrei ein- und ausgeführt werden. Für Schweizer gelten andere Obergrenzen *(ezv.admin. ch),* z. B. 250 Zigaretten und 5 l Wein.

NOTFÄLLE

GESUNDHEIT

Die Insel verfügt über ein dichtes Netz von Arztpraxen (Adressen deutscher Ärzte stehen im „Mallorca Magazin" und in der „Mallorca Zeitung", die in Zeitungskiosken erhältlich sind) und Apotheken *(farmacias)*. Außerdem gibt es eine Reihe privater sowie sieben staatliche Krankenhäuser. Keine Angst dort vor der Sprachbarriere: Es gibt oft Dolmetscher, die dir zur Seite stehen.

INSIDER-TIPP
Gut behandelt

Zudem haben sich mehr als ein Dutzend Heilpraktiker auf Mallorca niedergelassen. In den Ferienzentren findest du Medizinzentren *(centros médicos)* und an vielen Stränden leistet das Rote Kreuz *(Cruz Roja)* Erste Hilfe.

NOTRUF
Tel. 1 12 lautet die Notrufnummer für Polizei, Feuerwehr, Notarzt.

DIPLOMATISCHE VERTRETUNGEN

DEUTSCHES KONSULAT
Mo–Fr 9–12 Uhr | C/ Porto Pi 8 | 3. Stock im Edifico Reina Constanza | Palma | Tel. 9 71 70 77 37 | palma.diplo.de

ÖSTERREICHISCHES HONORARKONSULAT
Mo/Di und Do/Fr 10–12 Uhr | Av. Jaume III. 29 (entresuelo) | Palma | Tel. 9 71 42 51 46 | consuladoaustriapalma@ mmmm.es

SCHWEIZERISCHES HONORARKONSULAT
Mo–Fr nach Terminabsprache | C/ Antonia Martínez Fiol 6,3 A | Palma | Tel. 9 71 76 88 36 | palmamallorca@hon rep.ch

WETTER IN PALMA

Hauptsaison
Nebensaison

	JAN.	FEB.	MÄRZ	APRIL	MAI	JUNI	JULI	AUG.	SEPT.	OKT.	NOV.	DEZ.
Tagestemperaturen	14°	15°	17°	19°	23°	27°	29°	30°	27°	23°	18°	15°
Nachttemperaturen	6°	6°	7°	9°	13°	16°	19°	19°	18°	14°	10°	7°
☀	5	6	6	7	10	10	11	11	8	6	5	5
☂	6	6	6	4	4	2	1	2	5	6	7	7
≈	14	13	14	15	17	21	24	25	24	21	18	15

☀ Sonnenschein Stunden/Tag ☂ Niederschlag Tage/Monat ≈ Wassertemperatur in °C

SPICKZETTEL
KATALANISCH

SMALLTALK

ja/nein/vielleicht	sí/no/potser
bitte	sisplau
danke	gràcies
Hallo/Gute(n) Tag!/Abend!/Nacht!	Hola!/Bon dia!/Bona tarda!/ Bona nit!
Auf Wiedersehen!	Adéu! Passi-ho bé!
Ich heiße …	Em dic …
Wie heißen Sie?/Wie heißt Du?	Com es diu?/Com et dius?
Ich komme aus …	Sóc de …
Entschuldige!/Entschuldigen Sie!	Perdona!/Perdoni!
Wie bitte? (Sie/Du)	Com diu?/Com dius?
Das gefällt mir (nicht).	(No) m'agrada.
Ich möchte …/Haben Sie …?	Voldria …/Té …?
Darf ich …?	Puc …?

ZEIGEBILDER

ESSEN & TRINKEN

Könnte ich bitte … haben?	Podria portar-me …?
Messer/Gabel/Löffel	ganivet/forquilla/cullera
Salz/Pfeffer/Zucker	sal/pebrot/sucre
Essig/Öl	vinagre/oli
Milch/Sahne/Zitrone	llet/crema de llet/llimona
mit/ohne Eis/Kohlensäure	amb/sense gel/gas
kalt/versalzen/nicht gar	fred/salat/cru
Ich möchte zahlen, bitte.	El compte, sisplau.
Rechnung/Quittung	compte/rebut
Trinkgeld	propina
bar/mit Kreditkarte	al comptat/amb targeta de crèdit

NÜTZLICHES

Wo ist …?/Wo sind …?	On està …?/On estan …?
Wie viel Uhr ist es?	Quina hora és?
heute/morgen/gestern	avui/demà/ahir
Wie viel kostet …?	Quant val …?
Wo finde ich einen Internetzugang/WLAN?	On em puc connectar a Internet/WLAN?
Darf ich Sie/hier fotografieren?	Puc fer-li una foto aquí?
Hilfe!/Achtung!	Ajuda!/Compte!
kaputt	trencat
Panne/Werkstatt	avaria/taller
Apotheke/Drogerie	farmàcia/drogueria
Fieber/Schmerzen	febre/dolor
Fahrplan/Fahrschein	horario/bitllet
Verbot/verboten	prohibició/prohibit
offen/geschlossen	obert/tancat
rechts/links/geradeaus	a la dreta/a l'esquerra/tot recte
mehr/weniger	més/menys
billig/teuer	barat/car
(kein) Trinkwasser	aigua (no) potable
0/1/2/3/4/5/6/7/8/9/10/100/1000	zero/un, una/dos, dues/tres/quatre/cinc/sis/set/vuit/nou/deu/cent/mil

URLAUBS FEELING

ZUM EINSTIMMEN & AUSKLINGEN

LESESTOFF & FILMFUTTER

DER TOTE VON SANTANYÍ

Krimi (2018) der Hamburgerin Claudia Wenk mit viel Lokalkolorit. Es geht um einen Schuhfabrikanten, ziemlich betucht, doch nicht sehr beliebt, der in Santanyí tot entdeckt wird. Ein Familiendrama, gespickt mit Mallorca-Atmosphäre und jeder Menge Insel-Infos

WANDERUNGEN FÜR LANGSCHLÄFER AUF MALLORCA

Ausschlafen und doch aktiv sein: 30 Halbtagestouren auf der Insel hat Bernhard Irlinger 2017 zusammengestellt. Darunter sind Rund- und Familienwanderungen, Gipfel- und Einkehrrouten

EIN WINTER AUF MALLORCA

1838 reisen die amerikanische Schriftstellerin George Sand und der Komponist Frédéric Chopin ins touristisch noch komplett unerschlossene Mallorca. Ein wunderbares Buch, 1842 erstmals veröffentlicht, mit treffenden Beschreibungen, die zum Teil bis heute nichts von ihrer Aktualität verloren haben

CLOUD ATLAS

Halle Berry, Tom Hanks, Hugh Grant und Mallorcas ursprüngliche Landschaften. Für die Verfilmung (2012) des Romans von David Mitchells bildeten Sa Calobra, Sóller und der Puig Major die Kulisse

II **MARIA DEL MAR BONET – LA BALANGUERA**
Mallorca-Hymne – mit viel Gefühl vorgetragen von der mallorquinischen Chansonsängerin

▶ **FRANCISCO FULLANA – FOUR SEASONS RECOMPOSED, SPRING**
Gänsehautgeiger auf dem Weg zur Weltkarriere, born in Palma

▶ **TOMEU PENYA – ÉS PER TU**
Insel-Urgestein, Songwriter, Sänger, der sich der Folklore, dem Rock 'n' Roll und der Countrymusik verschrieben hat

▶ **POSIDÒNIA FOLK MEDITERRANI – LLUNA**
Sechsköpfige Insel-Folkband, die Volksmusik raffiniert variiert

▶ **DAVID GÓMEZ – THE ISLAND**
Der Pianist und Komponist gibt Konzerte an ungewöhnlichen Orten wie am Leuchtturm von Port d'Andratx

Den Soundtrack zum Urlaub gibt's auf Spotify unter MARCO POLO Balearic Islands

Oder Code mit Spotify-App scannen

AB INS NETZ

MOBIPALMA
Parkhäuser, Taxistände, Fahrradverleihe, Busse und ihre Haltestellen, Infos zur Verkehrslage, Ladestationen für Elektrofahrzeuge – das alles findet sich in dieser kostenlosen Palma-App

FARSDEBALEARS.ORG
Leuchttürme! Zum Träumen schön sind die Fotos und 360-Grad-Ansichten. Dazu der Audioguide in perfektem Deutsch

TAPAS PALMA
Für alle, die auf leckere Miniportionen stehen. Wo wann welche Tapastour stattfindet, verrät dir diese App. Die Route in Molinar und Portixol am Mittwoch z. B.

WALKINGONWORDS.COM
Touren über die Insel zu Romanschauplätzen und Lebensorten von Schriftstellern. Frei nach Gertrude Stein: „Die Insel ist ein Paradies, wenn du es ertragen kannst." Auch als App: WOW! Mallorca

PLATGESDEBALEARS.COM
Strände ohne Ende auf dieser Seite der Balearenregierung. Falls du Inselhopping nach Menorca, Ibiza oder Formentera planst, wirst du ebenfalls fündig

TRAVEL PURSUIT

DAS MARCO POLO URLAUBSQUIZ

Weißt du, wie Mallorca tickt? Teste hier dein Wissen über die kleinen Geheimnisse und Eigenheiten von Land und Leuten. Die Lösungen findest du in der Fußzeile. Und ganz ausführlich auf den S. 18–23.

❶ Was wurde früher auf Mallorca über geheime Pfade geschmuggelt?
a) Zigaretten, Alkohol und Kaffee
b) wertvolle Münzen aus archäologischen Fundstätten der Römer und Phönizier
c) Eier der seltenen Balearen-Riesenechse, auf die Zoos in ganz Europa wild waren.

❷ „Die Balearen in Wort und Bild" ist …
a) eine tolle Retro-TV-Serie, die wieder extrem angesagt ist.
b) das berühmte Werk des österreichischen Erzherzogs Ludwig Salvator.
c) die neueste deutschsprachige App der Inselregierung.

❸ Warum gibt es unterschiedliche Schreibweisen für die Ortsnamen auf Mallorca?
a) Weil man sich in den Rathäusern oft nicht einigen kann, was besser klingt.
b) Weil in südlichen Ländern alles ein bisschen chaotischer ist.
c) Weil es zwei Amtssprachen gibt.

❹ Mallorcas frühere Einwohner warfen mit Steinen um sich. Doch warum?
a) Insulaner haben oft eigenartige Angewohnheiten.
b) Auf die Art wehrten sie Eindringlinge ab.
c) Es lagen einfach so viele davon auf den Felden rum.

Lösungen: 1a, 2b, 3c, 4b, 5a, 6b, 7c, 8b, 9c, 10a,

Lluc Alcari gehört zu Deià. Oder Deyá? In jedem Fall ist das Dorf am Meer bildschön

❺ Wie heißen die großen Vögel, die in der Tramuntana manchmal am Himmel kreisen?
a) Mönchsgeier
b) Riesenamseln
c) Kraniche

❻ Ramon Llull ist weit über die Insel hinaus gekannt. Weshalb bloß?
a) Er war einfach Meister darin, dummes Zeug zu reden: „Lall und Llull" eben.
b) Er war so etwas wie der Insel-Luther.
c) Weil er als Monarchiegegner ständig gegen die Königsfamilie wettert.

❼ Worum handelt es sich bei *talaiots*?
a) um die erste Inselwährung
b) So nennt man die Kleidung der Inselpfarrer.
c) um prähistorische Bauten

❽ Wozu dient das Neptungras?
a) als Lieblingsspeise des Wassergotts Neptun
b) als Kinderstube für den Fischnachwuchs
c) Zu nichts, das Zeug ist eine Art Unterwasser-Unkraut.

❾ Welche Inseln gehören neben Mallorca zu den Balearen?
a) La Palma, La Gomera und Fuerteventura
b) Ibiza, Sardinien und Formentera
c) Ibiza, Menorca und Formentera

❿ Mallorca hat ein Unesco-Welterbe vorzuweisen. Was wurde ausgezeichnet?
a) das Tramuntanagebirge
b) der „Ballermann" als kulturelles Phänomen
c) der naturbelassene Strand Es Trenc

REGISTER